Hans Klecker

Der Großmutter in den Kochtopf geguckt

Typisch Oberlausitz

Traditionelle Oberlausitzer Gerichte – alte Kochrezepte
heimatkundliche Betrachtungen – Brauchtum – Mundartliches

Überarbeitete Neuauflage
© 2020 OBERLAUSITZER VERLAG
Inhaber: Dr. Andreas Gerth
Wittgendorfer Feld 6, 02788 Zittau / OT Dittelsdorf
www.oberlausitzer-verlag.de

Bildnachweis: Fotografien und Illustrationen - Claudia Dabischa
Gestaltung: Claudia Dabischa

ISBN: 978-3-946795-40-7

Inhaltsverzeichnis

5   Vorwort

7   Die Oberlausitzer Küche

12   Traditionelle Gebäcke und Gerichte im Kreislauf des Jahres

18   Kartoffelgerichte

18   **Abern**
Kartoffeln

20   **Abernmauke**
Kartoffelbrei

24   **Abernploaaze**
Kartoffelpuffer

26   **Abernstickl und Lumpmkraut**
Kartoffel-Weißkraut-Eintopf

28   **Brotabern und Goalerte**
Bratkartoffeln mit Sülze

31   **Faustmauke**
mit Mehl angedickter Kartoffelbrei

34   **Ganze Abern und Braajglsaalz**
Pellkartoffeln mit einer Einbrenne

37   **Ganze Abern, Quoark und Leinäle**
Pellkartoffeln mit Quark und Leinöl

39   **Krautmauke und Knacker**
Kartoffelpüree und Knackwurst

40   **Pilzmauke**
Waldpilze mit Kartoffelbrei

44   **Saalzabern und Dilltunke**
Salzkartoffeln und Dillsoße

46   **Sauer Abern**
Saure Kartoffeln oder warmer Kartoffelsalat

48   **Teichlmauke**
Kartoffelbrei mit Rindfleischbrühe

50   Klöße, Keulchen, Plinsen und Nudeln

50   **Häfekließl und Heedlbeerpoappe**
Hefeklöße mit Heidelbeerkompott

52   **Pflaumkließl**
Pflaumenklöße

54   **Plinsen**
Eierkuchen

56   **Quoarkkoallchl**
Quarkkäulchen

58   **Roaffkoallchl**
Raffkeulchen - Raffklöße

60   **Salbergemachte Nudln**
Selbstgemachte Nudeln

62   **Schälkließl**
Oberlausitzer Schälklöße

64   **Stupper, Stupperche, Stupperchl**
Stopperle

66   Fleisch und Wurst

66   **Brotwurscht**
Bratwurst

68   **Gewiegtebrutl**
Beefsteak, Frikadelle, Bulette

70   **Koarnicklbrotn**
Kaninchenbraten

72   **Kuttlfleckl**
Flecke, Kuttlflecksuppe, Kaldaunen

75   **Laberwirschtl**
Leberwürste

79   **Tieglwurscht**
Tiegelwurst, Füllsel, Tote Oma

81 Weiße Wirschtl und Brihe
Weiße Würstel und Brühe

83 Rindfleesch und Meerrettch-Tunke
Rindfleisch mit Meerrettichsoße

85 Sammlkließl und Schweinebroten
Schweinebraten mit Semmelklößen

87 Zicklbrotn
Zickleinbraten

89 Fisch

89 Harche und Sempfharch
Heringe und Heringstopf

92 Koarpm a poolscher Tunke
Karpfen in polnischer Soße

94 Obst und Gemüse

94 Äpplplätschl - Äppringl
Getrocknete Apfelringe

96 Dickes Gemiese
Gemüse mit getrockneten Pilzen

98 Krautwickl
Krauwickel, Kohlroulade

101 Sauerkraut

105 Suppen

105 Suppm
Suppen

109 Eibroacke und Mährte
Eingebrocktes

110 Fliederbeersuppe
Holundersuppe

111 Schwoarze Tunke
Schwarze Tunke

112 Bier, Schlickermilch und Koaffeelurke
Bier, Buttermilch und Ersatzkaffee

115 Gebackenes

115 Äberlausitzer Kasekuche
Oberlausitzer Käsekuchen

118 Babe
Bäbe, Napfkuchen, Gugelhupf

121 Brut aus Sauerteeg
Brot aus Sauerteig

125 Brutmannl
Brotmänner, Neujährchen

128 Chrisbrutl
Weihnachtsstollen, Christstollen

131 Fleckl- oder Kleckslkuche
Kleckskuchen

133 Gultschn, Koloaatschn, Maulschalln
Kolatschen

138 Pfafferkuchn
Pfefferkuchen, Lebkuchen

142 Pfanngkuchn und Quoarkspitzn
Berliner und Quarkspitzen

145 Sammln, Brutl und Buchtl
Semmeln, Brötchen und Buchteln

149 Schleißkichel
Schleißküchel

150 Schmatzl zer Voglhuckst
Schaumvögel zur Vogelhochzeit

153 Sträslkuche
Streuselkuchen

156 Quellenverzeichnis

Vorwort

"Ees frisst garne Stieflschmähre, ′s ander griene Seefe", heiß ein Sprichwort. Jeder hat einen anderen Geschmack. Ich versuche in diesem Buch den Geschmack vieler Menschen zu bedienen. Für die *"Sissn"* und für die *"Sauern"*, für die Gastwirte, die Bäcker, die Köche, die Fleischer, die Mundartfreunde und für die Geschichtsfreunde, für alle ist etwas dabei.

Allerdings sind die Speisen, denen mancher Gastwirt oder Kochbuchautor ein Oberlausitzer Mäntelchen umhängt, nicht vertreten. Es tut einfach weh, zumindest mir, wenn man "Maultaschen" oder "Dinkelspitzen" als Oberlausitzer Gericht präsentiert. Auch "Spätzle" bleiben eine schwäbisch-alemannische Kreation, auch wenn sie auf einer hiesigen Speisekarte als "Spatzen" oder "Sperlinge" angeboten werden.

In diesem Buch werden ausschließlich Speisen vorgestellt, die in der bodenständigen Literatur genannt werden oder die schon die Großmutter unserer Großmutter zubereitet hat. Allerdings enthalten manche Back- und Kochrezepte Zutaten, die unseren Ururgroßmüttern noch unbekannt waren, aber ohne die junge Leute heute nicht mehr auskommen. Streng genommen, gehört sogar das Backpulver dazu.

Sicherlich werden manche Leser sagen, in der Oberlausitz wird das Schnitzel, der Rinderbraten, die Rinderzunge, das Eisbein, das Blumenkohlschnitzel, das Rotkraut oder der Apfelkuchen nicht anders zubereitet, wie in der gut bürgerlich deutschen Küche oder wie in Bayern oder dem Rheinland. Das ist richtig, deshalb werden auch nicht alle altbewährten ländlichen Rezepte, die man in Kochbüchern oder im Internet findet, in diesem Buche vorgestellt.

Manche Leser werden Gerichte, die es in der Oberlausitz schon lange gibt, vergebens suchen. Dazu zählen *Gänsebrotn* (Gänsebraten), *Sauerbrotn* (Sauerbraten), Rouladen, *Griene Bunn* und *Schepsnfleesch* (Hammel mit Grünen Bohnen), *Wälkerche* (Apfelstrudel), *Sauer* oder *Verlurne Ee-er* (Saure Eier), *Äpplreis* (Apfelreis), *Mohkließl* (Mohnklöße), *Kälberzähne* (Graupen), *Heedegritze* (Buchweizengrütze), *Hoabergritze* (Hafergrütze), *Hierschepoappe* (Hirsebrei), *Grießpoapps* (Grießbrei) *Buttermilchbroanz* (Speise aus Buttermilch und Mehl), *Dämpfkraut*, *Hierschekraut* (Hirsekraut), *Kullerriebmsuppe* (Kohlrübensuppe), *Kirbssuppe* (Kürbissuppe), *Abernsuppe* (Kartoffelsuppe) und fast alle Salate und Kompotte. Auf diese Speisen wird in dem Buch hier verzichtet, weil sie zu unspektakulär, zu bekannt oder zu unbekannt sind und auch nicht mit einer Brauchhandlung in Verbindung stehen. Sogar die beliebten *Abernkließl* (Kartoffelklöße) mussten den *Stupperchl* (Stopperle) weichen. Kartoffelklöße kennt man überall, "Stopper" nicht. Auch "Broiler", "Jägerschnitzel", "Soljanka" und andere Kreationen der DDR-Küche sind nicht oberlausitztypisch und nicht alt genug, um in dieses Buch aufgenommen zu werden. Um Überschneidungen zu vermeiden, habe ich mich für ein "Zicklein-Rezept" entschieden und nicht für einen Lamm- oder Schöpsenbraten. Schwierigkeiten bereiten häufig die unterschiedlichen Bezeichnungen der

Nahrungsmittel und Speisen. Für einen Oberländer sind Käse- und Quarkkuchen nicht dasselbe. In den meisten Oberlausitzer Fleschereien verkauft man eine dünne, leicht geräucherte und getrocknete Wurst aus Hackepeter als „Knacker", in Obercunnersdorf eine Bockwurst unter diesem Namen.

Sicherlich werden manche Leser denken: „Was sollen die vielen Bezeichnungen in Mundart? Die hochdeutschen Namen tun es doch auch". Fast richtig, eine gute Küche, eine nette Kellnerin und erschwingliche Preise sind selbstverständlich wichtiger. Aber in 50 Jahren wissen selbst die Eingesessenen nichts mehr mit *Goalert* (Sülze) oder mit *Roaffkoallchl* (Raffkeulchen) anzufangen. Deshalb habe ich in diesem Buch die Sprache unserer Vorfahren verewigt. Auch soll es die Gastwirte unterstützen, die sich mit mundartlich verfassten Speisekarten redlich abmühen und nicht selten dabei den heimischen Dialekt vergewaltigen. In den Teilen der Oberlausitz, in denen die Mundart noch nie eine große Rolle gespielt hat, kann ja die bodenständige hochdeutsche Form geschrieben werden, statt *Samml* nicht Brötchen, sondern „Semmel", statt *Rutkraut* oder *Blookraut* nicht Rotkohl, sondern „Rotkraut" oder „Blaukraut" und statt *Oapplsine* nicht Orange, sondern „Apfelsine". Es haben in einer Oberlausitzer Speisekarte Begriffe, wie Brötchen, Stulle, Frikadellen, Kohl, Eintopf, Lauch, Karotten oder Rote Bete einfach nichts zu suchen. Dafür stehen Semmel, Schnitte, Gewiegtes, Kraut, *Abernstickl,* Porree, Möhren und Rote Rüben. bzw. die dazugehörenden mundartlichen Formen.

Zu einem Oberlausitzer Abend gehören nicht nur Oberlausitzer Gerichte, sondern auch eine regional eingerichtete Gaststube, Kellnerinnen in ländlicher Kleidung (kein Dirndl), Humor in Oberlausitzer Mundart oder Kultur und Bier aus den hiesigen Brauerein.

Ich möchte mich bei allen Heimatfreunden, Geschichtskennern, Hausfrauen, Köchen, Fleischern und Bäckern bedanken, die mich bei dem Schreiben dieses Buches unterstützt haben, besonders Elfriede und Helmut Albert (Niedercunnersdorf), Sylvia Abraham (Weißwasser), Lothar Meißner (Weißwasser), Wolfgang Frey (Seifhennersdorf), Dieter Wenzel (Waltersdorf), Karlheinz Birnbaum (Waltersdorf), Irma und Johannes Bielig (Burkau), Karin Renger (Neueibau), Irmgard und Gundula Wenzel (Weißenberg), Helga Kreutziger (Oderwitz), Brigitte Golbs (Neueibau), Christine Kroschwald (Hainewalde) und Jürgen Hönicke (Löbau).

Gedichte und Geschichten in Oberlausitzer Mundart haben mir zur Verfügung gestellt: Lucia Saring (Neusalza-Spremberg), Regine Büttrich (Seifhennersdorf), Margitta Kohlsche (Gelenau bei Kamenz), Karin Renger (Neueibau) und Siegfried Michler (Zittau).

Und sollte mich einer fragen: „*Woaas koachst'n heute?*", antworte ich, wie die Großmutter meiner Großmutter zu einem Neugierigen gesagt hätte:
„*'s kleene Tippl an grußn und 'n Bankhoader derzwischn, dermit se siech ne stußn*".

Euer Hans Klecker

Die Oberlausitzer Küche

„Was ist denn das Oberlausitzer Nationalgericht?" werde ich oft gefragt. Richtiger wäre ja Regionalgericht, aber so fragt keiner. Ich erkläre dann dem Fragesteller, dass ich ihm nur die Speisen nennen kann, die bei uns vielleicht häufiger verzehrt wurden als in den anderen Regionen.

Das wären:

Rindfleesch und Meerrettchtunke
Gekochtes Rindfleisch mit Meerrettichsoße (Tafelspitz)

Teichlmauke
Brühkartoffelbrei

Mauke, Brotwursch und Sauerkraut
Bratwurst mit Kartoffelbrei und Sauerkraut

Ganze Abern, Quoark und Leinäle
Quark mit Pellkartoffeln und Leinöl

Schon bei den vier Gerichten gibt es innerhalb der Oberlausitz große Unterschiede. Das Rindfleisch mit Meerrettichsoße wird als Sonntagsgericht im Norden häufiger aufgetafelt als im Süden. Die Teichelmauke, die gleichfalls mit Rindfleisch serviert wird, ist das Aushängeschild der Südlausitzer Küche. Bratwürste, die zu Kartoffelbrei und Sauerkraut gegessen werden, kommen zwar häufig auf den Mittagstisch oder werden am Heiligabend vor der Bescherung verzehrt, können aber nicht als typisch oberlausitzisch betrachtet werden. Schälkartoffeln, Quark und Leinöl trägt die Mutter, wie im Erzgebirge auch, im Norden der Oberlausitz und in der Niederlausitz auf. Im Oberland isst man statt Leinöl *Boomäle* (Baumöl, Olivenöl) oder Rapsöl. Leinöl wird im Heideland auch zur Zubereitung von Gurkensalat und saurem Hering in Sahnesoße verwendet. Die Essgewohnheiten sind von Dorf zu Dorf und von Familie zu Familie unterschiedlich. Während man in Eibau und Walddorf zu Fleischgerichten gerne Nudeln reicht, sind es im benachbarten Obercunnersdorf Kartoffeln, Kartoffelmus oder Klöße. Dabei liegt nur der Kottmar zwischen den beiden Dörfern. „Weiße Würstchen" und „Käsekuchen" kennen nur die Südlausitzer im Raum Zittau-Löbau.

Das Heideland im Norden der Oberlausitz hat viel mit der Niederlausitz gemeinsam. Das mag teils mit der nationalen Minderheit der Sorben, teils mit der ähnlichen Bodenbeschaffenheit zusammenhängen.

Auf dem dortigen warmen Sandboden gedeiht das *Heedekurn* (Buchweizen) gut, das geringe Ansprüche an die Bodenqualität stellt und frostempfindlich ist. Deshalb wurde zum Backen das billige Heidemehl genommen und sogar dem Kartoffelbrei zum Strecken zugesetzt (siehe „Faustmauke" auf Seite 31).

Heute ist der Buchweizen von den Feldern in beiden Lausitzen verschwunden. Ähnlich verhält es sich mit der Rispenhirse. Sie wurde noch um 1900 um Ruhland, Hoyerswerda, Lohsa, Uhyst, Niesky Rothenburg/OL, Kohlfurt und Rauscha angebaut und stellte eine Art Nationalgericht der Sorben dar, die sie bei Hochzeiten und Kindstaufen in Form einer süßen Speise reichten.

Auch die sauren und süßsauren Gerichte sind im Norden der Oberlausitz häufiger als im Süden anzutreffen, z.B.: Schwarze Tunke, Saure Eier, Saure Tunke, Brotsuppe mit saurer Sahne, Saure Gurken, Kopfsalat mit saurer Sahne, Saure Heringe.

Im Oberlausitzer Gebirgsgebiet haben die Kartoffelgerichte, Mehlklöße und Hefegebäcke eine größere Bedeutung als im Heideland. *Stupperchl* (Stopperle), *Schälkließl* (Schälklöße) und *Buchtl* sind Speisen, die es auch im benachbarten Böhmen gibt. Der Aschkuchen, der im Dresdner Raum und der Oberlausitz *Bäbe* oder *Babe* heißt, wird in den Südlausitzer Dörfern an der böhmischen Grenze auch *Buchte* (tschechisch: buchta) genannt.

In der Westlausitz haben sich die Speisen besonders stark ausgebreitet, denen man nachsagt, es wären sächsische Spezialitäten. Dazu zählen unter anderem die Eierschecke, die Quarkkeulchen, die Quarkspitzen und die Kartoffelpuffer. Im Raum um Kamenz und Bautzen gibt es seit 150 Jahren die *Goamzer Knackwerschtl* (Kamenzer Knackwürstchen). Dabei handelt es sich um eine Wurst mit festem Biss und würzigem Aroma. Sie muss zu einem Drittel aus magerem, einem Drittel aus fettem Rindfleisch und zu einem Drittel aus durchwachsenem Schweinefleisch bestehen.

Im Osten der Oberlausitz macht sich der schlesische Einfluss in der Regionalküche bemerkbar. Die Tradition, in der Weihnachtszeit Mohnklöße zuzubereiten, zieht sich über den Queis und die Neiße bis auf den Eigenschen Kreis und bis in den Ostteil der ehemaligen Amtshauptmannschaft Zittau hin. Das schlesische Heringshäckerle ist mittlerweile in der ganzen Oberlausitz beliebt, auch der Karpfen in polnischer Tunke.

Die Oberlausitzer Küche stand schon immer unter dem Einfluss der Nachbarregionen und hat sich aus den Kochkünsten der deutsch- und sorbischstämmigen Oberlausitzer entwickelt. Auch Bräuche, Traditionen und der Glauben der

evangelischen und katholischen Christen haben sie geprägt, z. B.: *Reformationsbrotel, Martinshörnel,* fleischlose Gerichte in der Fastenzeit. Die Oberlausitzer Küche ist sehr vielfältig und nicht einheitlich. Sie basiert auf der Grundlage der heimischen Produkte aus der Tier- und Pflanzenwelt. Alle zum Verzehr geeigneten wilden und gezüchteten Tiere und ihre Produkte, wild wachsenden oder kultivierten Pflanzen, Wurzeln, Früchte, Samen, Pilze und Flüssigkeiten (Wasser, Milch, Tee, Ersatzkaffee), die es in der Oberlausitz gab, waren ein Teil der Volksnahrung und gingen meist in die Regionalküche ein. Fleisch und Getreide, die erst eingeführt werden mussten, wie Dinkel, Amaranth oder Quinoa, gehören nicht zur Oberlausitzer Küche. Reis machte da eine Ausnahme und fand im geringen Umfang, aufgrund seines geringen Preises, Eingang in die regionale Küche. Gemüse und Gewürze baute man im Garten an. Aus dem Ausland oder aus anderen deutschen Landen kamen nur Salz und unverzichtbare Gewürze, wie Pfeffer, Muskat, Anis, Safran, Vanille, Zimt, Gewürznelken und Ingwer, die aufgrund des Klimas oder der Bodenverhältnisse in unserer Heimat nicht wuchsen, zur Anwendung. Mit solchen teuren Zutaten gingen die Köche sehr sparsam um.

Ende des 19. Jahrhunderts verdrängte nach und nach die Margarine pflanzliche Öle und tierische Fette aus den Küchen und Bäckereien. Vorher nahmen arme Leute zum Braten und Backen statt Butter, Schweineschmalz, Oliven- oder Leinöl auch *Inslt*, das ist Talg von Rindern, Ziegen und Schafen, und auch Fett von Pferden, das die Oberlausitzer *Pfarspicke* nennen.

Bei der regionalen Küche muss man die Zeit vor der Kartoffel von der Zeit danach unterscheiden. Das Brot war aber zu allen Zeiten das wichtigste Grundnahrungsmittel. Als Zukost standen vor Einführung der Kartoffel Breie aus Roggen, Gerste, Hafer, Hirse und Buchweizen, gekochte Hülsenfrüchte (Bohnen, Erbsen, Linsen) und Kraut und Rüben auf dem Speisezettel.

Die Verpflegung des Gesindes und der Fröner auf den Rittergütern in Kottmarsdorf, Rennersdorf, Steinigtwolmsdorf, Neukirch oder Rammenau wichen wenig voneinander ab. Zu Mittag gab es *Kullerriebm-* (Kohlrüben-) oder *Stupplriebmsuppe* (Weiße Rüben), *Hoabergritze* (Hafergrütze) oder *Heedegritze* (Buchweizengrütze), *Hierschepoappe* mit Milch (Milchhirse), *Brutmahlpoappe* (Roggenmus), *Mahltunke aus Brutmahl, Woasser, Saalz* und *Spaajk* (Mehlsuppe aus Wasser, Salz und zerlassenem Speck), Sauerkraut, *Arbsn* (Erbsen) oder *Kälberzähne* (Graupen). Bekamen die Knechte und Mägde dreimal in der Woche Graupen vorgesetzt, mussten sie ja *de Graupm dicke kriegn*. Zum Sattessen war das Brot da. Zum 2. Frühstück oder

zur Vesper aßen sie *Quoark* (Quark) oder *Quargl* (länglicher Sauermilchkäse) zum Brot und tranken *Lamplbier* (Dünnbier, Kofent) oder Milch dazu. Die Schnitten wurden entweder mit Butter oder mit Quark bestrichen, nie mit beidem. So wundert es auch nicht, dass der Kleinknecht oder der Lehrjunge, der sechsmal in der Woche Quark zum Schmieren bekam, klagte: *„Butter und Quoark macht stoark, Quoark oalleene, schwaache (krumme) Beene"*.

Zum Fleisch, das sehr selten auf den Tisch kam, aß man noch vor 250 Jahren als Beilage statt Kartoffeln Buchweizengrütze, Hirsebrei, Erbsenmus oder Rüben. Obst, Beeren und Pilze aus dem Wald oder dem Garten ergänzten den Speiseplan. Gesüßt wurde bis zur Einfuhr des Rohrzuckers und bis zur Erfindung des Rübenzuckers mit Honig.

J. Richter veröffentlichte im „Dorfspiegel Seifhennersdorf", welche Waren ein Krämer 1836 verkaufte: Gräupchen, Feigen, Mandeln, Zuckernüssel, Muskat, Nüsse, Gewürzkörner, Nelken, Zimt, Kümmel, Runkel (Kaffee-Ersatz aus gerösteten Runkelrüben), Kaffee, Reis, Gerstenzucker (Malzzucker), Schrot (grob gemahlenes Getreide), Zucker, Rosinen, Dornzucker, Tee, Salz, Hagebutten, Pflaumenmus, Melisse (ein Küchengewürz), Safran, Pomeranzen (Orangen), Erbsen, Essig, Kalmus (als Arznei), Nudeln, Luftkügelchen (Lutschzucker), Zuckerkerne (Kandiszucker), Brustzucker (Hustenzucker), Ingwer (ein Gewürz), Pfefferminzküchel, Saatbrot (schwarze Schote des Johannesbrotbaums, Götternahrung, Manna), Lakrizensaft (ein Hustensaft), Pfefferkuchen (für Bratensoße), Schokolade, Kakao, Heringe, Hirse, Hanf, Fenchel, Zitronenschalen, Inselt (Talk), Orlean (gelbrotes Färbemittel für Lebensmittel), Sardellen, Honig.

Es gab auch in der Oberlausitz besser bemittelte Rittergutsbesitzer, Großbauern und Stadtbürger, die sich teure Gelage leisten konnten. Sie aßen zwar wochentags auch nur einfach und fleischlos, meistens die gleiche Speise, mit der sie ihre Knechte, Mägde und Gesellen beköstigten, aber zu Kindstaufen, Hochzeiten, Fest- und Feiertagen und zu besonderen Anlässen wurde dicke aufgetafelt.

In Mittelherwigsdorf aß man zu Beginn des 18. Jahrhunderts auf einer Bauernhochzeit als ersten Gang Fisch. Es folgten gekochtes Rindfleisch, gekochtes Schweinefleisch, Hirsebrei, Pflaumen, Gänse- oder Hühnerbraten, Schweine-, Rinder-, Hammel- oder Kalbsbraten, *Gallert* (Sülze) und *Kaldaunen* (Gekröse, Kuttelflecke). Aus Oberseifersdorf, Großschönau, Olbersdorf, Oderwitz und Zittau wurde als erstes eine dampfende Suppe gereicht. Auf den sorbischen Hochzeiten in der preußischen Oberlausitz begann man das Hochzeitsmahl mit *Gaaler Suppe* (Gelbe Suppe), *Schwoarztunke* (Wendische Soße), Fleisch mit Gemüse und *Hierschepoappe* (Hirsebrei), der mit Zimt und Rosinen bestreut war. Man schenkte als Hochzeitsgetränke Bier und Branntwein aus.

Die Ratsherren der Oberlausitzer Sechsstädte konnten ordentlich tafeln, wenn auch die Zeiten nicht dazu angetan waren. Ein Zettel in den Görlitzer Urkunden des Bundes, der während der Zeit des Nordischen Krieges etwa 1705 aufgestellt wurde, zeigt, was man bei so einem Konvent alles verbrauchte. Hier war die Situation die, dass man sich auf dem Schloss in Reichenau (Bogatynia) beim Freiherrn von Clam-Gallas traf, weil in der Oberlausitz überall schwedische Truppen herumzogen. Folgende Nahrungsmittel sollten an die Küche geliefert werden:

Mahlzeit für 15 Personen:

„12 pfund rint fleisch, halb kalb, ein kamm, 2 kapponer, 2 alte hünner, 12 junge hünner, ein schincken, 2 pf speck, 2 korpen, 2 pf speisefische, 2 schock krebse, 2 kahnen guten wein, und gewürze: 2 lod mus gotten blum, 6 mus gotten nisse, 2 lod pfeffer, 2 lod imber, ein lod ganzen zin, firtlod saffran, ein hut zucker, 6 zitron, 12 Sarteln, ein halb pf gaber, halb pf reis, halb pf nirrenbergische grieben, firtel pfund kleine rosinken, 1 pf kirs mos, einhalb prulinen, firtel von bom oel. Dazu ein firdel schön weizel mehl, 6 kannen putter, 8 pf Salz, 3 Schock eier, 3 kann wein essig, 3 toffel pfeffer kuchen, 2 gl. kuchen semmel, 2 gl. mund semmel und Garten sachen als nemlich Stauden, Salad, silge zwibel; sparckel". (Letzter wurde wohl aus Kostengründen gestrichen.)

Übersetzung:

6 kg Rindfleisch, ein halbes Kalb, entweder ein Lamm (Schreibfehler) oder ein Schweinekamm, 2 kastrierte Hähne (Masthähne), 2 alte Legehennen, 12 junge Hühner, ein Schinken, 1 kg Speck, 2 Karpfen, 1 kg Speisefisch, 120 Krebse, knapp 2 Liter guten Wein, und Gewürze: 30 g Muskatblüte, 6 Muskatnüsse, 30 g Pfeffer, 30 g Ingwer, Zimtstange von 15 g, knapp 4 g Safran, einen kegelförmigen Zuckerhut aus Rohrzucker, 6 Zitronen, 12 Sardellen (für Sardellensoße), 250 g Hafer, 250 g Reis, 250 g Württembergische Grieben, 125 g kleine Rosinen, 500 g Kirschmus, anderthalb (Pfund) Pralinen, 125 ml Olivenöl. Dazu 125 g feines Weizenmehl, 6 kg Butter, 4 kg Salz, 180 Eier, 3 Liter Weinessig, 3 Tafeln Pfefferkuchen, 2 kleine süße Milchsemmeln, 2 kleine Semmeln und Gartengemüse, nämlich Staudensellerie, Kopfsalat, Wurzelpetersilie; Spargel.

An der Lieferung erkennt man, dass die Nahrungsmittel nur zur Verarbeitung in der Küche gedacht waren, also noch nicht vollständig sind, denn es fehlen die großen Mengen an Getränken, an Brot, Semmeln, Kuchen, Mehl, Grütze und Hülsenfrüchten. Der aufgeführte Wein und die kleinen Mehlmengen dienten lediglich als Zutaten.

Da kann man als Oberlausitzer vom niederen Stande nur sagen:
„Hätt mer´sch ne, do tät mer´sch ne!"

Traditionelle Gebäcke und Gerichte im Kreislauf des Jahres

Jahreswechsel
- *Mohkließl*
  Mohnklöße: breiartiges Gericht am Heiligabend und zu Silvester aus geschnittenen Semmeln, Mohn, Salz, Zucker und Milch
- *Koarpm*
  Karpfen blau, Karpfen polnisch oder Karpfen gebacken
- *Brutmannl*
  Neujährchen aus Brotteig
- *Geld, Struh und Boalkn*
  Erbsen, Sauerkraut und Räucherfleisch

Vogelhochzeit (25. Januar)
- *Teegvogl*
  Vögel aus Milchsemmelteig

Fastnacht
- *Hierschemauke und Laberwirschtl*
  Kartoffelbrei mit Hirsemehl (siehe Faustmauke!) und Leberwürstchen
  Redensart: „War a dr Foaasnacht Hiersche isst, krigt's ganze Juhr keene Flihe!"
- *Arbsen, Linsn und Roochfleesch*
  Erbsen, Linsen mit Rauchfleisch
- *Saure Wulle*
  Sauerkraut
- *Pfoanngkuchn*
  Pfannkuchen

Von Hohneujahr (6. Januar) bis Gründonnerstag
- *Brazln*
  Wasser-, Schaum- oder Pfannkuchenbrezeln

Ostern

- *Zickl-, Koarnickl- oder Loammbrotn*
  Zickel-, Kaninchen oder Lammbraten
- *Foalscher Hoase*
  (aus DDR-Zeiten) Falscher Hase (Hackbraten mit einer Hälfte eines hartgekochten Eis)
- *Schwoalbmnaaster*
  Schwalbennester (Schweins- oder Lammrouladen mit gekochten Schinken, Speck und hartgekochten Eiern)
- *Sträslkuche, Quoarkkuche, Mohkuche, Mohlänge*
  Streuselkuchen, Quarkkuchen, Mohnkuchen, Mohnlänge
- *Eiermannl*
  Eiermänner aus Teig mit einem Hühnerei

Gründonnerstag

- *Poatnsamml, Griendurschtchsamml, Ustersamml, Poatnstriezl, Usterzupp*
  Patensemmel: große geflochtene Semmel aus Kuchenteig, die ein Pate seinem Patenkind am Gründonnerstag schenkte
- *Brazln aus Sammlteeg*
  Brezeln aus Semmelteig
- *Honchsamml*
  Honigsemmel: mit Honig bestrichene Semmel, beliebte Speise in der nördlichen Oberlausitz
- *Honchkuchn*
  Honigkuchen, Pfefferkuchen
- *Kimmlplätzl*
  Kümmelplätzchen: kleine Flachkuchen mit Honig oder Sirup bestrichen und mit Kümmel durchsetzt (Gründonnerstagsgabe um Bautzen)
- *Brennnesslsuppe*
  Brennnesselsuppe
- *Saalzabern, Spinoate und a gebrutt Ei*
  Salzkartoffeln, Spinat und Spiegelei
- *Saure Abern* mit *Rapunde, Burnkresse, Schnietlch* oder *Bitterschilche*
  Kartoffelsalat mit Rapunzel, Brunnenkresse, Schnittlauch oder Petersilie

Karfreitag
- *Mauke* und *Fiesch*
  Kartoffelbrei und Fisch
- *Saalzabern, Spinoate* und *a gebrutt Ei*
  Salzkartoffeln, Spinat und Spiegelei

Schulfest
- *Anne Samml* und *a Reecherwirschtl*
  Räucher- oder Mettwurst mit Semmel

Kamenzer Forstfest
- *Schleißkichl*
  Schleißküchel

Kirmes
- *Koarnicklbrotn*
  Kaninchenbraten
- *Fleckl-* oder *Kleckslkuchn*
  Kleckskuchen
- *Sträsl-, Kase-, Quoarkkuche*
  Streusel-, Käse-, Quarkkuchen
- *Zucker-, Moh-, Mandlkuche*
  Zucker-, Mohn-, Mandelkuchen
- *Äppl-, Pflaumkuche*
  Apfel-, Pflaumenkuchen
- *Abernkuche*
  Kartoffelkuchen

Schlachtfest
- *Schlachteschissl* mit *Abernmauke, Laberwirschtln, Bluttwirschtln, Sauerkraut* und *vill Wurschttunke*
  Schlachtschüssel mit Kartoffelbrei, Sauerkraut und Wurstbrühe
- *Abernmauke, gebrutte Laberwurscht* und *Sauerkraut*
  Gebratene Laberwurst mit Kartoffelbrei und Sauerkraut
- *Tiegelwurscht*
  Tiegelwurst (Blutwurst, Grützwurst)
- *Wellfleesch*
  Wellfleisch
- *Kließl, Schweinsknichl* und *Sauerkraut*
  Eisbein mit Kartoffelklößen und Sauerkraut

Reformationsfest (31. Oktober)
- *Refermationsbrutl*
  Reformationsbrötchen: vierzipfeliges Gebäck aus Milchsemmelteig mit einem Marmeladenklecks in der Mitte

Martinstag (11. November)
- *Martinsgoans*
  Martinsgans
- *Martinshernl*
  Martinshörnchen

Heiligabend
- *Abernmauke, Laberwurscht* und *Sauerkraut*
  Leberwurst mit Kartoffelbrei und Sauerkraut
- *Abernmauke, Brotwurscht* und *Sauerkraut*
  Bratwurst mit Kartoffelbrei und Sauerkraut
- *Abernmauke, Bluttwurscht* und *Sauerkraut*
  Blutwurst mit Kartoffelbrei und Sauerkraut
- *Saure Abern* und *Brotwurscht*
  Bratwurst und Kartoffelsalat
- *Saure Abern* und *woarme Wirschtl*
  Wiener Würstchen (oder Bockwurst) mit Kartoffelsalat
- *Weiße Wirschtl* und *Brihe*
  Weiße Würstchen und Brühe
- *Pilzmauke* mit *Backpflaum*
  Kartoffelbrei mit Pilzsoße und getrockneten Pflaumen
- *Gänsekleencht* und *Schwoarze Tunke*
  Gänseklein und Schwarze Soße
- *Sempfharche, Eigemulkerter Harch, Brotharch*
  Senfheringe, Marinierter Hering, Brathering
- *Christbrutl*
  Christstollen
- *Grießpoappe*
  Grießbrei
- *Mohkließl*
  Mohnklöße

Weihnachten
- *Gänse-* oder *Koarnicklbroten*
  Gänse- oder Kaninchenbraten

Woaas sull'ch heut oack wieder koachn?
von Hans Klecker

(Melodie: Eine Seefahrt, die ist lustig)

1. Woaas sull´ch heut oack wieder koachn?",
   tust de hundertmol miech froin.
   Mach´s oack su wie meine Mutter,
   hurch oack har, iech war der´sch soin:
   Hollahi, hollaho, hollahiahiahiahollaho!

2. Montch, do machst de Bränzlabern,
   und dr Goalert doarf ne fahln!
   Essch und Äle ne vergassn,
   do koann iech miech ne mih haaln.

3. Uff´m Dinnstch, do machst de Plinsn,
   Äpplpoappe drufgeschmährt!
   Und derzu a Tippl Koaffee,
   war gutt schmährt, dar o gutt fährt.

4. Miedewuche machst de Nudln
   mit ann Wirschtl, schoarf gebrutt!
   Wenn is Assn mir zu fettch is,
   gibbt´s ann Bittern, dar tutt gutt.

5. Durschtch, do machst de sauer Abern
   und zwee Ee-er druf, mei Schoatz!
   Und vergisst de mir ´n Spaajk ne,
   krigst de o ann fettn Schmoatz!

6. Uff´m Frettch gibbt´s ganze Abern,
   und a Harch is o derbei.
   Fiesch muss schwimm, und sumit stirz mer
   a Gloas Eefaaches mit rei.

7. Uff´m Simmde machst de Stupper,
   und wenn ees zun Assn rufft,
   kumm gebrotn Zwibbln drieber,
   Dunnerkiel, die machn Luft!

8. Sunntch, do machst de Sauerbrotn,
doaas is su gewieß wie woaas,
oder a Gewiegtesbrutl,
kreiz, doaas is a guder Froaß!

9. A zwee Wuchn, Maajdl, hirrscht de,
do bie iech mit Koachn droaa,
und do fangn mer uff´m Montche
glei mit Päcktlsuppe oaa!

Montch:	Montag, montags
Bränzlabern (Pl.):	Bratkartoffeln
Goalert:	Gallert, Sülze
Äle:	Öl
uff´m Dinnstch:	am Dienstag
Äpplpoappe:	Apfelmus
Miedewuche:	Mittwoch, mittwochs
gebrutt:	gebraten
Durschtch:	Donnerstag, donnerstags
sauer Abern (Pl.):	saure Kartoffeln, Kartoffelsalat
Ee-er (Pl.):	Eier
uff´m Frettch:	am Freitag
ganze Abern (Pl.):	Pellkartoffeln
Harch:	Hering
stirz mer:	stülpen wir, schütten wir
uff´m Simmde:	am Sonnabend
Stupper (Pl.):	Stopperle

„Asst oack, asst, doaaß mer Mist breetn, mer wulln Abern steckn!"

Der Gast antwortete: „*Abern und Saalz - Gutt derhaal´s!*"

Kartoffelgerichte

Abern
Kartoffeln

„Asst oack asst, Abern gan Woampe, Woampe gibbt Oaasahn, und Oaasahn lässt´ch verkeefm", sagte de Mutter zu ihren Kindern und stellte sechsmal in der Woche Kartoffeln auf den Mittagstisch. Das war selbst dem ärmsten *Wirkemoan* (Handweber) zu viel. Er spottete: *„Abern gehirn an Kaller und ne uff´m Taller."* Es gab aber auch Zeiten, in denen er sogar die Kartoffeln vermisste und seufzte: *„Abern und Fett, wenn´ch´s oack hätt!"*

Die ersten Kartoffeln wurden im 16. Jahrhundert von spanischen Seefahrern aus den südamerikanischen Anden nach Europa gebracht. In der Oberlausitz wurden sie 1724 das erste Mal in Lauban erwähnt. Dem Preußenkönig Friedrich II. wird nachgesagt, er hätte sich für den Anbau der Kartoffel stark gemacht. Schon zur damaligen Zeit kannte jeder den Spruch: „Was der Bauer nicht kennt, frisst er nicht." Deshalb ließ der König die Kartoffelfelder im Großraum Berlin einzäunen und bewachen, da er hoffte, die Bauern würden die Knollen bei so viel Geheimniskrämerei stehlen, kosten und selber anbauen. Und genau das geschah, das „Verbotene" reizte.

Bisher ist man davon ausgegangen, dass die Kartoffel ihren Siegeszug in die Oberlausitzer Küchen im letzten Drittel des 18. Jahrhunderts durchgeführt hat. Heute weiß man aus Kaufverträgen, dass sich die Kartoffeln in Nordböhmen und in der Oberlausitz bis etwa 1740 eingebürgert hatten, anfangs als Gartenfrucht, dann allgemein als Feldfrucht. Weltweit stehen sie heute in der Liste der am meisten produzierten Nahrungsmittel an dritter Stelle hinter dem Weizen und dem Reis. Seit Ende des Zweiten Weltkrieges hat sich der Verbrauch an Kartoffeln in Deutschland mehr als halbiert. Sie werden auch als Futtermittel und als Industrierohstoff eingesetzt. Bei Halsschmerzen kann man sich heiße Kartoffelwickel um den Hals, bei Bronchitis auf die Brust legen.

Das in Norddeutschland gebrauchte Wort „Kartoffel" leitet sich von „tartufolo", dem italienischen Wort für Trüffel ab. Die Deutschen gaben der unterirdischen Knolle unterschiedliche volkstümliche Bezeichnungen und lehnten sich dabei an bekannte Früchte an. Die Bayern und Schwaben nannten die Kartoffeln „Erdäpfel", die Pfälzer und Saarländer „Grundbirnen" (mundartlich *Grumbeern*), die Südbrandenburger „Knollen" (mundartlich *Knulln*), die Uckermärker „Nudeln", die Sachsen und Oberlausitzer „Erdbirnen" (mundartlich *Ärbern, Äbern, Arboarn, Aboarn, Abern, Abbern*).

Zu beiden Seiten der sächsisch-böhmischen Grenze im Raum Neugersdorf, Seifhennersdorf, Spitzkunnersdorf, Schluckenau, Niederehrenberg und Rumburg hat sich die Bezeichnung *Abunn* (Erdbohnen) durchgesetzt. Eine einzelne Kartoffel ist eine *Abuhne*. Das oberdeutsche Wort „Erdäpfel" in den Lautformen *Aräppl* uns *Arippl* zog in die Ortsmundarten von Schirgiswalde, Schönlinde und Böhmisch Kamnitz ein. In den niederschlesischen Dörfern um Breslau gebrauchte man dafür „Koartuffln". Ein Besserwisser wird auch heute noch mit der Redensart in die Schranken gewiesen: „Wenn iech diech ne hätte und de grußn Abern, misst´ch kleene assn!" Die Kartoffel gehört wie die Möhre, die Rote und die Kohlrübe, das Radiesel, der Meerrettich und der Sellerie zur Kategorie „Knollengemüse". Deshalb wird der Kartoffelbrei oder das -püree in der Oberlausitz nicht nur *Mauke*, sondern zum Unverständnis vieler Menschen aus anderen Regionen auch „Kartoffelmus" genannt. Das deutsche Wort „Mus" leitet sich von „Gemüse" ab und war ursprünglich gekochter Brei verschiedener Gemüsearten, bevor es auch auf das Obst übertragen wurde. Kartoffeln, Kraut, Rüben, Erbsen, Bohnen, Linsen und anderes Gemüse wurden als Beikost zu Brot, Breien, Mehlspeisen und Fleisch unter der Bezeichnung „Zugemüse" in vielen Gesindeordnungen aufgeführt.

Die Kartoffeln wurden vor dem Einkellern ausgelesen. Alwin Eichhorn, ein Mundartschreibender aus Niedercunnersdorf, erzählt:
Ba uns derheeme goab´s vill Abern ze schäln. Dr Voater hutt se ju mit uns a dr Hoalle ausgelasn, an jedn Saak noa dann Progroamme: „Gruße!" Die woarrn zun Ruhschäln fer de Saalzabern oder irscht gekoacht, fer Abernkoajllchl zen Sunntche. „Asser!" Die wurdn mit dr Schoale gekoacht, wenn´s Harch, Butter und Quoark oder Leinäle goab. „Wärmer!" Die wurdn obds zun Brotabern genumm, oder wie mer uff´m Durfe soin, zu gewärmtn Abern. „Soom!" oder „Stecker!" – Nu, a anner Juhr sulltn doache o wieder weche wachsn. „Kleene und Zicklabern!" Do dervoone wieder extra „aale und biese". Die flugn benn Auslasn a dr Oaabeseite zun Hoallture raus uffm Mist.

Typische Kartoffelspeisen

Pellkartoffeln:	*Ganze Aberm Schälabern, Schoalabern, Ricklabern, Rauchabern*
Salzkartoffeln:	*Saalzabern*
Dampfkartoffeln:	*Gedämpfte Abern*
Kartoffelklöße:	*Abernkließl*
Stopper(le):	*Stupper, Stupperchl, Stupperchn*
Quarkkeulchen:	*Quoarkkoallchl*
Kartoffelpüree:	*Abernmauke* oder *Mauke*
Kartoffelpuffer:	*Abernploaaze* oder *Abernplinsn*
Kartoffelsalat:	*Abernsuloate, Saure* oder *Sauer Abern*
Kartoffelkuchen:	*Abernkuche* oder *-kuchn*
Bratkartoffeln:	*Brot-* oder *Bränlzabern*
Zwiebelkartoffeln:	*Zwibblabern*
Gewärmte Kartoffeln:	*Gewärmte Abern*
Eintopf:	*Abernstickl, Sticklabern, -abern*
Kartoffelsuppe:	*Abernsuppe*

Kartoffelklöße, Stopper oder Quarkkeulchen werden auch *Abernkoallchl* (Kartoffelkeulchen) genannt.

Abernmauke
Kartoffelbrei

Volkskundliches und Sprachgeschichtliches

Stellt die Mutter die Schüssel mit der Mauke auf den Tisch, fängt der Vater gleich an zu singen: „*Mir ann Schwoaps, dir ann Schwoaps, heute hoann mer Abernpoaps*". Für Kartoffelbrei, Kartoffelpüree oder Kartoffelmus gibt es im Munde des Oberlausitzers viele Bezeichnungen. Dabei spannt sich der Bogen von *Abernpoappe* und *Abernpoapps*, *Abernpoampe* und *Abernpoamps*, *Abernstoampe*, *Abernstoamps* und *Arboarnstoamps* (Westlausitz) *Rihrabbern* (Ostlausitz) und *Stoampabbern* (Ostlausitz um Görlitz) bis zur *Abernmauke*. Die zuletzt genannte Bezeichnung hat im letzten Jahrhundert alle anderen aus dem Felde geschlagen. Sogar unter den Touristen hat sich das Klischee verbreitet, dass die Oberlausitzer von Montag bis zum Sonntag *Abernmauke* essen. Der bequeme Volksmund lässt die *Abern* im zusammengesetzten Wort *Abernmauke* häufig weg und verkürzt es zu *Mauke*.

Bezeichnete man früher auch breiartige Speisen von anderen Getreide- und Gemüsesorten als *Mauke*, z.B.: *Hierschemauke* (dicker Hirsebrei), *Faustmauke*, so handelt es sich heute zumindest im Oberland dabei ausschließlich um Kartoffelgerichte, bestenfalls mit Mehl angedickt. Dieses Wort ist das eingedeutschte sorbische Lehnwort muka (Mehl, Brei). *Abernmauke* heißt wörtlich übersetzt Erdbirnenbrei.

Einige Oberlausitzer, denen das Wort *Mauke* zu dörflich klingt, bezeichnen das Kartoffelpüree als Kartoffelmus. Allerdings nicht „das Mus" (sächlich), wie es die neuhochdeutschen Schriftsprache vorschreibt, sondern „der Mus" (männlich), also der „Kartoffelmus". Die Mundart lehnt sich dabei an die Synonyme „Papps" (der) und „Pappe" (der, die) an, die auch männlich sind.

Ist der Kartoffelbrei zu dick und zu trocken geraten, wird er vom Volke abfällig als *Fanster-* oder *Woampmkitte* abgetan. Die Hausfrau rief den Nörglern zu: „*Abernpoappe is gutt fer deine Schnoappe!*"

In Weifa und Ringenhain bezeichnet man gestampfte Salzkartoffeln ohne Zugabe von Wasser und Milch als *Dähnchtabern*. Es gibt sogar noch heute einige Oberlausitzer, die zwischen einem minderwertigen *Abernpoapps* und einer hochwertigeren *Abernmauke* unterscheiden. Den nicht verzehrten Kartoffelbrei hat die sparsame Hausfrau eines Handwebers nicht etwa in den Abfalleiner geworfen, sondern zum Abendbrot gebraten und ihrem Manne als *Braajglmauke* (gebratenes Kartoffelpüree) vorgesetzt oder zu *Abernsuppe* (Kartoffelsuppe) oder *Quoarkkoallchl* (Quarkkeulchen) verarbeitet.

Gerichte mit Kartoffelmus

- *Abernmauke, Blutt- und Laberwurscht* und *Sauerkraut*
  Blut- und Leberwurst mit Kartoffelbrei und Sauerkraut
- *Abernmauke, Brotwurscht* und *Sauerkraut*
  Bratwurst mit Kartoffelbrei und Sauerkraut
- *Abernmauke, Gewiegtebrutl (Gewiegtes)* und *Sauerkraut*
  Beefsteak (Frikadelle, Bulette) mit Kartoffelbrei und Sauerkraut
- *Abernmauke, Laber* und *Zwibbln*
  Leber mit Kartoffelbrei und Zwiebeln
- *Abernmauke* und *Seechniern*
  Nierchen mit Kartoffelbrei
- *Abernmauke, Spinoat* und *a ruh Ä a Äle gebrutt (a ruh Ei a Äle gebrotn, Uchsnooge)*
  Spinat zu Kartoffelbrei und Spiegelei
- *Abernmauke, a grinner Harch, gebrutt (a griener Harch gebrotn),* und *Gurknsoaloat*
  Gebratener Hering mit Kartoffelbrei und Gurkensalat
- *Abernmauke* und *Pilze (Pilzmauke)*
  Kartoffelbrei mit Pilzen
- *Krautmauke (Lehmstruh, Struhlehm)*
  Kartoffelbrei mit Sauerkraut vermengt

Für Sauerkraut kann man auf einer Oberlausitzer Speisekarte auch die volkstümlichen Ausdrücke *saure Wulle* oder *Furzwulle* verwenden. Das Wort Püree stammt aus der französischen Küche und hat auf keiner in Mundart verfasster Speisekarte etwas zu suchen.

Kartoffelgerichte

Rezept für Kartoffelbrei

Zutaten

1,5 kg	mehlige Kartoffeln
0,5 l	Milch
10 g	Butter
20 g	Salz
1 - 2	Eigelbe
	Majoran
50 g	Speck
1	Zwiebel (ca. 50 g)

Zubereitung

Die Kartoffeln werden geschält, in etwa gleich große Stücke geschnitten und im Salzwasser weich gekocht. Während des Schälens sind die Kartoffeln im kalten Wasser aufzubewahren, damit sie ihre Farbe behalten. Nach dem Garkochen wird das Wasser abgegossen, *oabgeseegt*, wie es in der Oberlausitz heißt, mit dem Kartoffelstampfer zerquetscht und eventuell mit dem Schneebesen schaumig geschlagen. Das Pürieren der Kartoffeln erfolgt unter Zugabe von heißer Milch, Eigelb, einem Esslöffel Butter und Gewürzen, wie Majoran. Das Eigelb wird vorher mit etwas Milch verrührt. Wenn man die Mauke mit einem Pürierstab zu einem homogenen Brei verarbeitet, wird sie leicht zu cremig und zäh.

Nun lässt man die Speckwürfel aus, gibt die Zwiebelstückchen dazu und lässt die Masse gut durchschwitzen. Danach wird diese mit dem Brei verrührt und das Püree nochmals mit Salz abgeschmeckt.

Im Unterschied zu anderen Regionen wird von einigen Oberlausitzern der Kartoffelbrei mit Eigelb verfeinert und evtl. mit ausgelassenem Speck und einer fein gehackten Zwiebel versetzt. Traditionell würzt man mit Majoran und nicht mit Muskat. Kartoffelpüree, das mit Speck angemacht ist, bezeichnet der Oberlausitzer als *Spaajk-* oder *Speckmauke*. Verzichtet man auf den Speck, empfiehlt sich die Verwendung von 50 g Butter. Man kann statt Milch auch Wasser (*Woassermauke*) oder eine Fleischbrühe (*Teichlmauke*) verwenden.

Abernmauke
von Hans Klecker

Wie groadezu und eefach woar
mei Nubbermaajgl Frauke.
Se koachte mir an Sandkoastn
de irschte Abernmauke.
Mit sechzn koam se a de Stoaadt,
de Lihre, die gingk lus,
do wurd se bissl virrnahmer
und oaß Koartufflmus.
Se hoat gelarnt, se hoat studiert,
mit Quirln woar´sch ganz verbei,
denn bist de irscht a grußes Viech,
do gibbt´s Kartoffelbrei.
Se brucht ann Schoamsterch oaageschloappt,
doaas woar a Spreeßer, nee!
Und gingk se mit dann Gimpl aus,
goab´s Erdäpfelpüree.
Und wie´ch dr Sturch hoat oaagemeld,
do woar dar Karl verschwunn.
De Frauke woar kuriert und hoat´ch
uff ihre Heemt besunn.
„Woaas koachst´n fer uns dreie?" froi´ch
zun Sunntche meine Frauke,
do blinzlt se mir soit:
„Nu, woaas schunn? - Abernmauke!"

Nubbermaajdl:	Nachbarmädchen
Lihre:	Lehre
virrnahmer:	vornehmer, feiner
mit Quirln:	mit Reden in Oberlausitzer Mundart
Schoamsterch:	Liebster, (fester) Freund
Spreeßer:	Angeber
Heemt:	Heimat
zun Sunntche:	am Sonntag

Abernploaaze
Kartoffelpuffer

Die Kartoffelpuffer sind in Sachsen beliebter als in den Nachbarregionen. Das gilt auch für die an die Oberlausitz angrenzenden Länder Schlesien und Böhmen. So ist es nicht verwunderlich, dass in verschiedenen Kochbüchern vom Sächsischen Kartoffelpuffer die Rede ist.

Geriebene gekochten Kartoffeln formen die Oberlausitzer meist zu *Abernkließln* (Kartoffelklößen), *Abernkoallchln* (Kartoffelkeulchen), *Abernbrutln* (kleine runde Kartoffelbrote) oder *Stupper* (Stopperle, siehe *Stupperchl*!). Im Gegensatz dazu werden die *Abernploaaze*, also die Kartoffelpuffer, in der Pfanne, im Tiegel oder auf der Herdplatte immer mit rohen Kartoffeln zubereitet. Für dieses Gericht hat der Volkshumor viele Ausdrücke geschaffen. Da spannt sich der Bogen von den *Abernploaazn, Abernplinzn, Aburnpuffern* bis hin zu den missratenen oder ohne Milch und mit wenig oder gar keinem Fett gebackenen *Abern-* oder *Ploattnklitschern, Glihwoanzn* (Nordböhmen) oder *Abunnfunsn* (Seifhennersdorf). Missratene Kartoffelpuffer werden in Niedercunnersdorf und Cunewalde schmunzelnd *Aberntoalkn* und in der nördlichen und östlichen Oberlausitz um Weißwasser/OL, Rietschen/OL und Rothenburg/OL *Trutsche* genannt. Das sind bei Weitem noch nicht alle Namen, die der Volkshumor geschaffen hat. Die armen Leinweber nahmen zum Braten statt Butter, Fett oder Öl auch *Ziegninslt* (Ziegentalk).

Rezept für Kartoffelpuffer

Zutaten für 4 Personen

2 kg	Kartoffeln
evtl. 1	kleine Zwiebel
1 EL	Salz
2	Kartoffeln, gekocht und gerieben (Kartoffelmehl)
350 ml	Milch
3	Eigelbe
3	Eiweiß zu Schnee
120 g	Pflanzenöl (noch besser: Schweinefett)

Zubereitung

Die Kartoffeln werden gewaschen, geschält, nochmals zwei- bis dreimal gewaschen und fein gerieben. Die Kartoffelmasse wird durch ein Tuch gut ausgedrückt. Jetzt gibt man das Salz, das Kartoffelmehl, das Eigelb und so viel Milch hinzu, wie der Teig erfordert. Zuletzt wird der steif geschlagene Eierschnee untergezogen. Man erhitzt einen Esslöffel Fett im Tiegel, gibt ½ Schöpfkelle Kartoffelteig hinein und streicht ihn dünn aus. Der *Ploaaz* wird auf beiden Seiten goldbraun gebacken. Die Hausfrau fährt so fort, bis alle Teigmasse aufgebraucht ist. Die Kartoffelpuffer sollen nicht lange stehen und sofort gegessen werden.

Variationen

Es kann auch auf das Ausdrücken des Wassers der zerriebenen Kartoffeln verzichtet werden. Dann wird keine Milch benötigt.

Die Oberlausitzer bestreuen die *Abernploaaze*, wie Plinsen, mit Zucker oder bestreichen sie mit süßer *Äpplpoappe* (Apfelmus) oder mit *Preuslbeerpoappe* (Preiselbeermus) und trinken *a Tippl Koaffee* dazu. Bei dieser süßen Mahlzeit entfällt die Zwiebel im Rezept. Bei der Zwiebelvariante kann man zu den *Abernplinsn* auch Gemüse reichen.

Im benachbarten Böhmen isst man kleine Kartoffelpuffer als Beilage unter dem Namen „Rösti" zum Schweine- oder Rinderbraten. Es gibt auch Rezepte, in denen auf die Milch verzichtet oder statt Zwiebeln Muskat verwendet wird.

Humorvolles aus der Oberlausitz

„Meine Frooe gitt noa amol a de Schule und larnt französ´ch koachn. Doaas hoann´r de Kinder fer 100 Euro zun Geburtstage geschankt. Und se koacht o schunn französ´sch." „Woaas goab´s´n do heute zu Mittche?" „Pommes de la Bordelle". „Und woaas is doaas?" „Abernplinsn!"

Abernstickl und Lumpmkraut
Kartoffel-Weißkraut-Eintopf

Deutschland ist in dieser Hinsicht mundartlich geteilt, denn im Norden verwendet man den Ausdruck Kohl, während im Süden vom Kraut gesprochen wird. Die Oberlausitz, wie auch der größte Teil von Sachsen und Schlesien, gehören sprachlich zur Krautregion. Die bekanntesten Kohlsorten sind bei uns das Weißkraut, das *Rut-* (Westteil der Oberlausitz) oder *Blookraut* (Ostteil der Oberlausitz) und das Welschkraut. Das *Welschkraut*, heute unter dem Namen Wirsingkohl bekannt, nannten unsere Altvorderen auch gerne *Kräuslkraut*. Noch im 19. Jahrhundert bezeichneten die Oberlausitzer den Weißkohl als *Koappskraut* oder *Koappkraut*. Dieser Ausdruck ist heute ganz und gar aus dem Sprachgebrauch verschwunden, existiert aber noch als „Kappes" (Kopfkohl) im Rheinland um Köln. Früher baute man als Futterpflanze vereinzelt *Bauernkraut* (Markstammkohl), eine Art langstrunkiges Rotkraut, an. Der durch Milchsäuregärung konservierte Weißkohl, heißt in der Oberlausitz, wie in vielen anderen Regionen, *Sauerkraut*, der nicht sauer gemachte Weißkohl kurz und bündig *Kraut*. Dazu zählen der Weißkohleintopf genauso wie die Krautsuppe, das Dämpfkraut oder der Krautsalat. Der Eintopf kam und kommt in der Oberlausitz als Kraut-, Möhren- Erbsen-, Bohnen-, Linsen-, Sellerie-, Graupen-, Kohlrüben- und Porreeeintopf auf den Tisch. Man kann ihn auch aus mehreren Gemüsearten zubereiten. Allerdings verwendet man dann keinen Porree, weil der immer durchschmeckt. In Königshain bei Görlitz isst man besonders Graupensuppe mit *Abernstickl*, Kohlrabi und *Reecherfleesch* (geräucherte Rippchen) gerne.

Das gemeinsame Kochen von Gemüse und Fleisch in einem Topf hat sich sicherlich bald nach der Einführung des Feuers in der Steinzeit eingebürgert. Die Bezeichnung „Eintopf" für eine dicke sättigende Suppe setze sich erst in den 30iger Jahren des 20. Jahrhunderts durch. Dieses Gericht wird nur dann als Eintopf bezeichnet, wenn es als Hauptmahlzeit eingenommen wird.

Besteht der Eintopf aus Kartoffelstückchen, -würfeln oder -scheiben, bezeichnet man das Gericht in der West- und Südhälfte der Oberlausitz als *Abernstickl* und in der Osthälfte als *Sticklabern* oder *Sticklabbern*. In der Ostlausitz um Rietschen nennt man die geschnittenen gekochten Kartoffeln, die mit verschiedenen Zutaten angemacht werden, um sie gehaltvoller und schmackhafter zu machen, auch als *Mächslabbern* (gesprochen Mäckslabbern).

Für das gehobelte oder geschnittene Kraut lässt sich der humorvolle Oberlausitzer verschiedene Namen einfallen, z. B.: *Grußkraut, Sissekraut, Schlepperkraut, Schlipperkraut, Fußloappm, Fatzlkraut, Lumpmkraut* oder *Zuchthauslumpm*.

Rezept für Eintopf

Zutaten für 4 Personen

1	Weißkrautkopf (ca. 1 kg)
3 - 4 l	Wasser
500 g	Kochfleisch vom Rind oder Rauchfleisch
500 g	Kartoffeln
2	geviertelte Zwiebeln
1 - 2	Lorbeerblätter
	Salz
1 TL	Pfeffer
	Kümmel

Zubereitung

Das Fleisch wird im Ganzen in Salzwasser gegeben und gekocht. Nach dem Aufwallen schöpft man den Schaum ab, gibt die Zutaten (Lorbeerblatt, Zwiebel, Pfeffer, Kümmel) hinein und kocht das Fleisch weich. Die Kartoffeln werden geschält und in Stücke geschnitten. Man putzt das *Krautheetl* (Weißkrautkopf), teilt es in vier Hälften, befreit es vom Strunk und schneidet es in Streifen. Nach ca. 30 Minuten nimmt man das Fleisch heraus und schneidet es klein. Nun kommen zuerst das Kraut und etwas später die Kartoffelstücke in die Brühe. Nachdem alle Zutaten weich sind, wird das Fleisch in kleine Stücke geschnitten und in den Topf zurück gegeben, der Eintopf gekostet und eventuell nachgewürzt.

Variationen

In meiner Familie wird der Eintopf fleischlos zubereitet. Dabei werden, wie gerade beschrieben, das zerschnittene Kraut, die Kartoffeln, die Zwiebel und der Kümmel in einem Topf im Salzwasser gekocht. Wenn das Weißkraut und die Kartoffeln weich sind, wird die Flüssigkeit mit einer Mehlschwitze gebunden. Die Einbrenne wird aus 30 g Butter, 40 g Mehl, dem Salz und dem Pfeffer bereitet und unter Rühren zum Eintopf gegeben. Nach einem nochmaligen Aufkochen wird das Gericht serviert. Auch der fleischlose Eintopf ist sehr schmackhaft.

Statt mit Weißkohl kann dieser Eintopf auch mit *Welschkraut* (Wirsing) zubereitet werden.

Brotabern und Goalerte
Bratkartoffeln mit Sülze

Heimatkundliches

Brat- oder Gewärmte Kartoffeln aßen die Oberlausitzer zu Urgroßmutters Zeiten meistens am Abend, heute zu Mittag.

In den Weberfamilien kochte die Mutter mittags so viel Pellkartoffeln, dass sie auch für das Abendbrot langten. Wurden sie im Ganzen gewärmt und mit wenig billigem Darmfett (*Inslt*) angebraten, kamen sie als *Gewärmte Abern* auf den Tisch. Jedes Familienmitglied bekam etwas Butter zugeteilt, die auf dem Tellerrand lag. Dazu trank man *a Tippl Koaffee* oder *a Schalchl Heeßn*, also ein Töpfchen oder eine Tasse Kaffee, der bei armen Leuten kein Koffein enthielt, sondern aus gebrannter Gerste, Weizen, Roggen, Rüben oder Zichorie hergestellt wurde.

Während die *Gewärmten Abern* bestenfalls vor dem Braten halbiert oder geviertelt wurden, schnitt man die *Brot-* (Brat-) oder *Bränzlabern* (Schmor- oder Röstkartoffeln) in Scheiben. Das bedeutete ein Mehrverbrauch an Fett im Vergleich zum Anrichten gewärmter Kartoffeln und war für die meisten Dorfbewohner zu teuer. Bereitete die Hausfrau ihrer Familie trotz alledem Bratkartoffeln zu, mengte sie aus Kostengründen häufig Gemüse und Gewürze aus dem eigenen Garten, wie Möhren, Porree, Erbsen, Zwiebeln, Kümmel und Petersilie, und auch Eier unter die Kartoffeln. Das Gericht „Bratkartoffeln und Sülze" galt früher als ein besonders *guder Froaß*, den sich nur die Besserbestellten leisten konnten.

Das Wort Sülze setzte sich erst vor einhundert Jahren in der Oberlausitz durch und verdränge immer mehr das Wort *Gallert*. Im Unterschied zur Standartsprache heißt „*das Gallert*" (sächlich) in der Mundart *dr Goalert* (männlich) oder *de Goalerte* (weiblich). Als Gallert werden auch der Dicksaft von Früchten und andere schwabbeligen Speisen und Dinge bezeichnet.

Es handelt sich hierbei um eine schleimige durchsichtige Masse aus tierischen oder Pflanzenstoffen, die durch Wärmebehandlung eingedickt worden ist. Einige Oberlausitzer bezeichnen die Sülze auch als *Goalertfleesch*. Damit ist nicht nur der Fleischanteil in der Sülze, sondern auch die geleeartige Masse gemeint. Auf Hochzeiten von wohlhabenden Bürgern und reichen Bauern wurde im 18. und 19. Jahrhundert zwischen den einzelnen Gängen immer wieder *Gallert* gereicht.

Gerichte mit Bratkartoffeln

Traditionell isst man in der Oberlausitz zu gewärmten Kartoffeln oder Bratkartoffeln - Sülze oder Spiegelei.

- *Brotabern und Goalerte* - Sülze mit Bratkartoffeln
- *Gewärmte Abern und Butter* - Gewärmte Kartoffeln mit Butter
- *Gewärmte Abern und Gemiese* - Gewärmte Kartoffeln und Gemüse
- *Brotabern und gebrutte Ee-er* - Bratkartoffeln und Spiegeleier
- *Brotabern und Spaajk* - Bratkartoffeln mit Speck

Gerichte mit Sülze

- *Brotabern und Goalerte* - Sülze mit Röstkartoffeln
- *Ganze Abern und Goalerte* - Sülze mit Pellkartoffeln
- *Saure Abern und Goalerte* - Sülze mit Kartoffelsalat
- *Anne Schniete und Goalerte derzu* - Sülze mit einer Scheibe Brot
- *Goalertschissl* - Gallertschüssel

Rezept für Bratkartoffeln

Zutaten für 4 Personen

1 kg	Kartoffeln
40 g	Schweinefett oder -speck
50 g	Butter
1 - 2	Zwiebeln
1 EL	Salz
	Kümmel

Zubereitung

Die Kartoffeln werden mit der Schale gewaschen und mit etwa 1 Liter Wasser gekocht, nicht zu weich. Nach dem Pellen und Erkalten schneidet man sie in Scheiben. Auch die Zwiebel wird geschält und zerkleinert. Den Speck schneidet die Köchin in Würfel und schwitzt ihn in einer großen Pfanne an. Anschließend werden die gehackten Zwiebeln und die Butter dazu gegeben. Sind die Zwiebeln glasig, werden Kartoffelscheiben untergehoben. Jetzt streut man das Salz und den Kümmel darüber. Die Kartoffeln werden unter öfteren Wenden goldbraun gebraten. Die Masse darf nicht gerührt werden.

Rezept für Sülze

Zutaten

1 kg	Dickbein (Eisbein)
1	Kalbsfuß oder Spitzbein
2 l	Wasser
2	Zwiebeln
	Salz
	Pfeffer
	Lorbeerblatt
	Gewürzkörner
1 - 2	Möhren
1 St.	Sellerie
100 ml	Essig
evtl. 4 Pck	Gelatine

Zubereitung

Das Fleisch wird gewaschen, mit kaltem Wasser und Gewürzen, der Möhre und dem Sellerie angesetzt und etwa 2 bis 3 Stunden auf kleiner Flamme weich gekocht. Durch das Mitkochen von einem Stück Zwiebelschale wird die Farbe der Brühe kräftiger. Das gare Fleisch löst man von den Knochen und schneidet es in gleichmäßige kleine Stücke. Die Brühe wird durch ein Sieb gegossen und mit Essig abgeschmeckt. Das Fleisch dünstet man eine halbe Stunde in ¼ Liter der Brühe und setzt Gelatine zum schnelleren Gelieren zu. Danach wird es in Gefäßen, Schüsseln und Gläsern verteilt, die mit der Brühe aufgefüllt werden. Man stellt die Sülzmasse kühlt und lässt sie erstarren.

In meiner Familie wird die Sülze in Schraubgläsern abgefüllt, in denen sie mehrere Monate im Kühlschrank gelagert werden kann. Vor dem Verzehr wird sie mit einem Messer an den Rändern gelöst und gestürzt. Man isst das Gallert mit Essig, Öl und kleingehackten Zwiebeln oder mit einer Remolade.

In der Oberlausitz und dem Erzgebirge bekommt man dieses Gericht auch als Goalertschissl (Gallertschüssel) serviert. Es handelt sich hierbei um Sülze, Essig, Öl und kleingehackten Zwiebeln in einem tiefen Teller, aus dem die Sülze gelöffelt wird.

Faustmauke
mit Mehl angedickter Kartoffelbrei

Sprachkundliches

Bei der Bezeichnung *Mauke* handelt sich es im Süden der Oberlausitz um einen Brei, der ganz oder anteilig aus zerstampften Kartoffeln besteht. Im Oberlausitzer Heideland, in der Niederlausitz und in Teilen Schlesiens kann damit auch ein Brei gemeint sein, der aus Getreide, wie Hirse, oder aus anderen Pflanzen, wie Buchweizen (*Heedekurn*), hergestellt wird.

Hat das Wort Faust in der Zusammensetzung *Faustmauke* etwas mit der geballten Hand, der Faust, zu tun? Sicherlich nicht, sondern eher etwas mit der *Fauze*, einer kräftigen Ohrfeige, einer *Fauzbacke*, einer dicken Wange, oder dem Verb „anfauzen", in der Oberlausitz *oaapfuzn* (grob anfahren). Faustmauke ist also nichts anderes als ein dicker, kräftiger, derber Brei. In Herwigsdorf bei Löbau, in Borda bei Reichenbach/OL und im ehemals deutsch besiedelten Schlesien hat sich die Lautung *Fauzmauke* bis ins 20. Jahrhundert gerettet.

G. Kießling führt in seiner Schrift von 1883 „Blicke in die Mundart der südlichen Oberlausitz" auch den Namen *Fauxmauke* auf. Es ist durchaus denkbar, dass sich das französische Wort „faux" (falsch, verkehrt, verlogen) dahinter verbirgt. Die Deutschen und auch die Oberlausitzer nahmen viele französische Lehnworte in ihre Sprache auf, z. B.: *ästemiern, Dischkur, verdefmtiern, Kuraasche, Däz oder bee a bee*. Für die meisten Oberlausitzer war Kartoffelmus, der aus Mehl zubereitet wird, keine richtige, sondern eben falsche *Mauke*, also *Fauxmauke*. Das Volk konnte sich nach der von deutschen Patrioten angeschobenen Entfranzösisierung des Deutschen unter diesem Wort bald nichts mehr vorstellen und bildete es zu *Fauz-* und *Faustmauke* um. In Steinigtwolmsdorf fand die Umwandlung von Faux- in *Faustmauke* vor ca. 100 Jahren statt. Manche Oberlausitzer im Oberland bezeichnen diesen Brei auch als *Mahlmauke* oder die in den Dörfern um Rothenburg/OL als *Stoampkließl* (Stampfklöße). Das Gericht war früher ein beliebtes und schnell zuzubereitendes Armeleuteessen.

Verbreitung

Im Oberlausitzer Heideland wird der zähe Brei auch *Sterze, Abbernsterze* oder *Heedesterze*, im benachbarten Niederschlesien *Sterz* genannt. Unter einem *Sterz* versteht der Oberlausitzer etwas Steifes und Abstehendes. Mancher Brei ist so dick, dass man ihn schneiden kann. Ähnliche Speisen aus Buchweizen, Hirse oder Gerste gibt es auch in Slowenien, Kroatien und der Steiermark und wird als Plenten (Polenta) in Südtirol mit Mais-Grieß angerichtet.

Laut der Broschüre „Lauter Lausitzer Leibgerichte" versteht man in der Niederlausitz unter *Faustmauke* ein Gericht, das sich aus Kraut, Hirse, kleinen harten Birnen und kleinen Weißfischen zusammensetzt. Vor 150 Jahren war die *Faustmauke* in den Dörfern um Neukirch besonders zu Fastnacht beliebt.

Ich kann nur noch sagen: „Asst oack, asst, doaaß mer Mist breetn, mer wulln Abern steckn!"

Rezept für Faustmauke

Zutaten
800 g Kartoffeln
2 l Wasser
400 g Buchweizen- oder Weizenmehl
Salz
150 g Speck
Sirup

Zubereitung
Man schält die Kartoffeln, viertelt sie und kocht sie in Salzwasser weich (siehe *Abernmauke*). Nach dem Garkochen wird das Wasser in ein anderes Gefäß abgegossen, aufgehoben und beim anschließenden Zerstampfen wieder verwendet (*Woassermauke*).
Nun streut man das Mehl über die Kartoffeln. Die Masse wird etwa drei Minuten auf kleiner Flamme, ohne Rühren, erwärmt. Dann rührt man sie mit einem Holzlöffel gut durch. Von dieser festen Masse werden fingerdicke Klumpen mit dem Löffel entnommen, die man dann mit einer Tunke aus zerlassenem Speck und Sirup übergießt. Speck kann man auch durch braune Butter ersetzen.
Man kann auch die Kartoffel-Mehl-Masse zusammen mit Speck in der Pfanne braten, in kleine Stücke schneiden, mit Sirup bestreichen oder mit Zucker bestreuen.

Variationen
Andere Hausfrauen stampfen bei der Zubereitung der *Faustmauke* Kartoffeln und gekochte bunte Bohnen (Wachtelbohnen) mit Speck zusammen. Schlesische Bauersfrauen fertigten die *Fauzmauke* auch ohne Kartoffeln, sondern nur mit *Heidemehl* (Buchweizenmehl) an. Auf sorbisch heißt dieses Arme-Leute-Essen auch „*kulšica*", bei dem mit dem Quirlstiel in den dicken Brei drei Löcher hineingedrückt werden. In der einen Literaturquelle sind die Löcher für das Kartoffelwasser vorgesehen, in der anderen für die zerlassene Butter oder den Speck. Verwendet die Hausfrau statt des Weizen- oder Buchweizenmehles Hirse, dann nennt sich die Speise *Hierschefaustmauke*.

Mir langn zu
von Hans Klecker

(Melodie: Horch, was kommt von draußen rein)

1. Heute foahr mer Mauke ei,
   mir langn zu, iech und du,
   Spaajk und Zwibbln kumm mit rei,
   mir langn zu, juchu!
   Wie de sähnerch Mauke schlingst,
   mir langn zu, iech und du,
   und derno noa Zwibbln stinkst,
   mir langn zu, juchu!

2. Und de Brotwurscht lacht diech oaa,
   mir langn zu, iech und du,
   do hoat´s Wampl Freede droaa,
   mir langn zu, juchu.
   Und zun Obde guckst de dumm,
   mir langn zu, iech und du,
   wieder fimf Groamm zugenumm,
   mir langn zu, juchu!

3. Ach, wie gutt schmeckt´s Sauerkraut,
   mir langn zu, iech und du,
   knoattert´s o im´s Arschl laut,
   mir langn zu, juchu!
   Is im uns o dicke Luft,
   mir langn zu, iech und du,
   schmeckn tutt oack doaas, woaas pufft,
   mir langn zu, juchu!

4. Nee, woaas wär a Abernpoapps,
   mir langn zu, iech und du,
   krigt mer hinderhar kenn Schnoaps,
   mir langn zu, juchu.
   Wenn dar durch de Gurgl leeft,
   mir langn zu, iech und du,
   wird dr Arger mit derseeft,
   mir langn zu, juchu!

5. Und wenn o dei Dukter zankt,
   mir langn zu, iech und du,
   war gutt assn tutt, wird krank,
   mir langn zu, juchu.
   ´s wird´ch mit Mauke vuhlgepoappt,
   mir langn zu, iech und du,
   bis uns oalln dr Oarsch zuschnoappt,
   mir langn zu, juchu!

Mauke:	Kartoffelbrei	*sähnerch:*	begierig
Spaajk:	Speck	*derseeft:*	ersäuft
Zwibbln:	Zwiebeln	*Abernpoaps:*	Kartoffelbrei

Ganze Abern und Braajglsaalz
Pellkartoffeln mit einer Einbrenne aus Fett, Zwiebeln, Mehl und Salz

Bei den armen Leinewebern und Heidebauern ging's zu wie *uff'm dirrn Fuchse*. Sie aßen besonders in den Notzeiten gezwungenermaßen *Braajglsaalz*. Es war noch im 19. Jahrhundert ein typisches Arme-Leute-Essen.

In den schlechten Jahren nach dem 2. Weltkrieg besannen sich viele Frauen auf diese alte Art einer Mehlschwitze als Butter- oder Fettersatz und setzen diese ihrer Familie als Beilage zu *Ganzn Abern* (Pellkartoffeln) oder Brot vor. Im Norden der Oberlausitz nennt man die Speise *Bräglsalz* oder *Brotsalz* (Bratsalz). Wird etwas mit zischendem, prasselndem Geräusch gebraten, dann wird im Oberland *gebraajglt*. Für *braaigln* stehen auch die Synonyme braten, brutzeln und brüten, deshalb ist die Schreibweise *Braajglsaalz* besser als *Praajglsaalz* oder für die verhochdeutschte Form Brägelsalz besser als Prägelsalz, wie man sie im Internet findet. In Daubitz bei Rietschen nennt der spottende Volksmund diesen Fettersatz *Uchsnbutter* (Ochsenbutter), da sich die Ärmsten der Armen keinen Speck, kein Schweinefett und keinen Butterschmalz leisten konnten, sondern sich mit Rindertalg begnügen mussten. In der Niederlausitz wird das *Braajglsaalz* auch als *Stippe* bezeichnet, weil es sich dabei um eine Fettigkeit handelt, in die man die Kartoffel *stippt* (eintunkt). Der Oberlausitzer verspeist das *Braajglsaalz* zu *Ganzn Abern* (Pellkartoffeln), seltener zu Brot.

Rezept für Abern und Braajglsaalz

Zutaten für 4 Portionen
16   mittelgroße Kartoffeln
200 g   Speck, Schweinefett oder Butterschmalz
2   große Zwiebeln
300 g   Weizenmehl
        Salz und Pfeffer
        schwarzer Malzkaffee
        evtl. Kümmel und/oder Majoran

Zubereitung

Der Speck wird in kleine Würfel geschnitten und in einer Pfanne erhitzt. Die Zwiebeln werden ebenfalls klein geschnitten, in die Pfanne gegeben und glasig gebraten. Wenn Speck und Zwiebeln leicht braun sind, gibt man das Mehl hinzu und brät die Masse knusprig. Nun wird mit einem Schluck Malzkaffee oder Wasser aufgegossen und gerührt, bis eine dickflüssige Soße entsteht. Zum Schluss schmeckt man diese Mehlschwitze mit Salz und Pfeffer ab und kann je nach Geschmack mit Kümmel und Majoran würzen. Die Kartoffeln werden gut gewaschen und mit der Schale gekocht. (siehe *Ganze Abern*!) Die fertigen *Schoalabern* (Pellkartoffeln) schält man und richtet sie mit dem *Braajglsaalz* auf einem Teller an. Zu Leinwebers Zeiten stellte die Mutter der mehrköpfigen Familie die Pfanne mit dem *Braajglsaalz* in die Mitte des Tisches. Nun tunkten die Speisenden der Reihe nach die aufgespießten Kartoffelstücke in die dicke Soße ein. War die Masse zähflüssig oder breiartig, konnte man sie mit der Messerspitze aus der Pfanne nehmen und auf die Kartoffel streichen.

Variationen

In Notzeiten wurden statt Speck auch *Leinäle* (Leinöl) oder *Inslt* (Darmfett, Talk) verwendet und anstelle von Kaffee auch Wasser. Sogar auf die Zwiebeln kann verzichtet werden. War kein Mehl im Hause, wich man auf altbackenes Brot aus, das man vorher zerkrümelte. In Dresden aß man um 1950 das *Brägelsalz* weniger zu Pellkartoffeln, sondern häufiger zu Salz- oder Bratkartoffeln.

Is Braajglsaalz
von Lucia Saring

Doaas woar a Oarme-Leute-Assn.
Ihr denkt, do wurde Saalz gebrutt?
Nu nee, do hoat´r foalsch gerutt!
Irscht wurde Inslt ausgekreescht,
do hoat´s an Tiegl woaas gedreescht,
dernoochern toat mer Mahl eiruhrn,
do is dr Poapps schunn dicker wurn.
Dermit dar ne su troige schmackt,
do hoann mer´ch schiene eigedackt
mit Kernlkoaffee, satt´r´sch ei?
A Schwupps koam oallemol mit rei.
Wie oalls verbraajglt und verbrutt,
koam´s Saalz derzu, und schunn woar´sch gutt.
Und ieberoale woar´sch su Sitte,
dr Tiegl, dar koam a de Mitte.
De Abern oabgeseegt, gedankt
und imzech wurde reigelangt.
Und jeder duchte, wie´r oaß:
„Doaas diche is a guder Froaß!"

Braajglsaalz:	Einbrenne aus Mehl, Fett und Salz
gebrutt:	gebraten
gerutt:	geraten
Inslt:	Talk
ausgekreescht:	ausgelassen
gedreescht:	gespritzt
verbraajglt:	mit zischendem Geräusch verbrutzelt
verbrutt:	verbraten
oabgeseegt:	Wasser abgegossen
imzech, zechim:	der Reihe nach, abwechselnd
doaas diche:	dieses da

Ganze Abern, Quoark und Leinäle
Pellkartoffeln mit Quark und Leinöl

Dieses Gericht ist wohl das traditionellste Armeleuteessen in beiden Lausitzen, also in der Ober- als auch in der Niederlausitz. Kartoffeln bauten sogar die Handweber hinter dem Hause an oder auf einem gepachteten Stück Feld eines Bauern, der es häufig gleich mit bestellte. Quark galt bei den armen Leute als Butterersatz, mit dem sie sich die Schnitten schmierten oder den sie als Beilage zu den Schälkartoffeln aßen. Das Leinöl fiel bei der Herstellung des Leinengarnes als willkommenes Nebenprodukt an.

Der Name Pellkartoffeln wird von der mundartsprechenden Bevölkerung nicht benutzt. Die häufigsten Bezeichnungen für Pellkartoffeln sind *Ganze Abern, Schälabern* (Schälkartoffeln) und *Schoalabern* (Schalkartoffeln). In Wittgendorf und Waltersdorf bezeichnet man die Pellkartoffeln auch als *Ricklabern* bzw. als *Ricklabunn* (Kartoffeln mit Mantel) und im Raum Zittau/Ostritz auch als *Rauchabern* (Kartoffeln mit rauer Schale). Der Hausherr, der sogar am Sonntag zum siebenten Male in der Woche Kartoffeln vorgesetzt bekam, sagte spottend zu seiner Frau: *„Abern gehiern an Kaller und ne uff'm Taller!"* Die Hausfrau hatte *de Gusche o uff'm richtchn Flecke* und antwortete: *„Guttschmecke macht Battlsäcke!"*

Die armen Leute aßen vormittags oder nachmittags als Zwischenmahlzeit häufig *anne Quoarkschniete* und tranken *a Tippl* Buttermilch oder minderwertigen Kaffeeersatz dazu, den der spottende Volksmund Namen wie *Koaffeelurke* oder *Runkltunke* verpasste. Aß man am Sonntag eine Butterschnitte, wurde nicht auch noch Quark drauf geschmiert, obwohl es sich manches Familienmitglied gewünscht hätte: *„Butter und Quoark macht stoark, Quoark oalleene schwaache Beene."* Da die meisten Hausweber im Hinterhaus einen Ziegenstall eingerichtet hatten, gab es *Ziegequoark* (Ziegenquark). Aß man den Quark als Beilage zu Pellkartoffeln, machte ihn die Hausfrau mit Zwiebeln an und nannte ihn *Zwibblquoark*.

„Hoann de meestn Sträuchl o ann fein Duft, Zwibbln sein mer'sch liebste, Zwibbln machn Luft."

Bis zur fast vollständigen Ablösung des Leinengarnes durch die Baumwolle im 19. Jahrhundert fiel Leinöl in großen Mengen an. Mit Hilfe der Riffel wurden die Kapseln mit dem Leinsamen von den Stängeln des Flachses getrennt. Aus den Stängeln gewann man die Leinenfasern, die weiter zu Leinengarn verarbeitet wurden. Das Leinengarn war das Grundmaterial für die Äberlausitzer *Leimd* (Oberlausitzer Leinwand). In Ölmühlen presste man aus dem Leinsamen das Leinöl. Eine solche gibt es heute noch in Hoyerswerda.

Das Öl ist in der Oberlausitz weiblich und heißt im Oberland *de Äle*. Die Eltern drohten früher dem ungehorsamen Kind mit den nicht gerade feinen Worten: *„Iech schloit´ch, doaaß de Äle seechst!"* (Ich schlage dich, bis dass du Öl pinkelst.)

Rezept für Pellkartoffeln und Leinöl

Zutaten

750 g	Quark
50 ml	Milch
2 St.	Zwiebeln oder Schnittlauch
evtl. 1	Knoblauchzehe
	Salz und Pfeffer
1 kg	Kartoffeln
1	Prise Salz
1 TL	Kümmel
100 ml	Leinöl
	saure Gurken

Zubereitung

Die Kartoffeln werden mit der Schale gründlich abgewaschen und mit Salz und Kümmel etwa 25 Minuten gekocht.

In der Zwischenzeit schält man die Zwiebeln und schneidet sie in kleine Würfel. Der Knoblauch wird geschält und gepresst. Man rührt den Quark mit der Milch, dem Salz und dem Pfeffer so lange, bis er geschmeidig, aber nicht flüssig ist. Nun werden Knoblauch und Zwiebeln eingerührt.

Jetzt gießt die Hausfrau die weich gekochten Kartoffeln ab und schält sie. Der Quark und die Kartoffeln werden in getrennten Schüsseln auf den Tisch gestellt. Das Leinöl gießt man direkt aus der Flasche auf den Teller. Die Kartoffeln werden mit der Gabel zerkleinert, in den Quark und in das Leinöl getunkt. Traditionell essen die Ober- und Niederlausitzer eine saure Gurke dazu.

Variationen

Man kann statt des Leinöls auch Olivenöl und/oder Butter nehmen. Milde Schalotten eignen sich noch besser als die Zwiebeln. Feinschmecker essen zu dem Quark und den Pellkartoffeln auch noch Leberwurst.

Humorvolles aus der Oberlausitz

An einem heißen Sommertag saß man bei Posselts beim Mittagessen. Es gab Schälkartoffeln und Quark. Die Bauersfrau stellte für den Hausherrn auch Butter auf den Tisch. Aber auch der Kleinknecht ließ sich die Butter schmecken. Der Bäuerin passte das ganz und gar nicht. Sie sagte in die Runde und schielte dabei zum Knecht: *„Asst oack Quoark, doaas kihlt!"* Der Kleinknecht ließ sich aber nicht stören und kleisterte die Butter noch dicker auf die Kartoffeln. Mit vollen Backen sagte er: *„Iech frass Butter, und wenn'ch verbrenne!"*

Krautmauke und Knacker
Kartoffelpüree mit Sauerkraut und Knackwurst

Volkskundliches

Dieses Gericht hat im Norden und Nordosten der Oberlausitz größere Bedeutung als im Süden. Es wurde von den Frauen der Heidebauern und Glasmacher häufig zubereitet.

In Schleife wird Rotkraut verwendet, in den meisten anderen Dörfern Sauerkraut, so im Gebiet um Königshain und Niesky. Scherzhaft wird der verrührte Brei aus Kartoffelmus und Sauerkraut im Volksmund *Lehmstruh* oder *Struhlehm* bezeichnet. In Lawalde nennt man diesen *Papps Schwabedecke*, da er sehr dem Stroh-Lehm-Putz der Küchendecke ähnelt. Arme Leute konnten sich kein Fleisch oder keine Wurst leisten. Sie tranken ein *Tippl* (Töpfchen) Buttermilch dazu. Besser bemittelte Heidebewohner mischten unter das Kraut gebratene Knackwurst. Der Sächsische Knacker ist dafür geeignet, weil er weich und geräuchert ist und aus Rind- und Schweinefleisch besteht, das mit Salz, Pfeffer, Kümmel und Knoblauch gewürzt ist.

In Eibau nehmen einige Familien statt des Kartoffelbreis auch Nudeln und gönnen sich Krautnudeln mit Wurst.

Rezept für Krautmauke und Knacker

Zutaten für 4 Personen

1 kg	Kartoffeln
0,5 kg	Sauerkraut
30 g	Butter
30 g	Speck
0,3 l	Milch
	Pfeffer und Salz
evtl. etwas	geriebene Muskatnuss oder Majoran
evtl. 2	Zehen Knoblauch
2	Sächsische Knacker

Zubereitung

Die geschälten Kartoffeln werden in Salzwasser weich gekocht, abgegossen und gestampft. (siehe „Abernmauke" auf Seite 20). Das Pürieren erfolgt unter Zugabe von heißer Milch, Butter oder ausgelassenem Speck und Pfeffer. Immer wieder wird mit Salz abgeschmeckt.

Das Sauerkraut wird ca. 15 Minuten gekocht, mit ausgelassenem Speck angemacht und evtl. mit etwas geschnittenem Knoblauch unterrührt. Die Knackwürste werden in Scheiben geschnitten, etwas angebraten und mit dem Sauerkraut vermengt. Die *Stoampabbern* (Kartoffelbrei), wie es im Osten der Oberlausitz heißt, werden auf einen flachen Teller gegeben und mit einer Schicht der Sauerkraut-Wurst-Mischung bedeckt. Man kann aber auch einen tiefen Teller nehmen und alles mit einem großen Löffel verrühren und essen.

Pilzmauke oder Abernmauke und Pilze
Waldpilze mit Kartoffelbrei

Der naturverbundene Oberlausitzer kennt sich mit Pilzen sehr gut aus. Am liebsten sind ihm die Pfifferlinge (Gelb- oder Eierschwämmchen), die er unter den Bezeichnungen *Gaalhihnl* (Gelbhühnchen), *Hihnlpilze, Hihnlche, Gaalchn* oder *Gaalschwamml* (Gelbschwämmchen) kennt und die am besten in den großen Kiefernwälder des Heidelandes gedeihen. Der Pfifferling ist ein ausgesprochener Bratenpilz, er wird gern eingekocht und nur selten getrocknet.

Im Volke gelten die *Steenpilze* (Fichtensteinpilze) wegen ihrer Festigkeit und ihrem hervorragenden Geschmack als die Herren der Pilze, deshalb werden sie in der südlichen Oberlausitz auch *Harrnpilze* (Herrenpilze) genannt. Sie sind zum Braten, zum Backen bzw. Trocknen und zum Einlegen geeignet. Steinpilze können heute auf den Polenmärkten erworben werden, in Deutschland stehen sie unter Naturschutz.

Am weitesten verbreitet ist der Maronenröhrling. Er wächst sowohl in den Fichtenwäldern des Ober- als auch in den Kiefernwälder des Heidelandes und ist geschmacklich sehr wertvoll. Die Oberlausitzer nennen ihn *Moarone, Moaronl* oder *Braun-, Moos-* und *Soamtheetl*. Mit letztgenanntem Namen werden auch die oliv-braunen Rotfußröhrlinge und Ziegenlippen bezeichnet. Die anderen Waldpilze, wie die Rotkappen (*Rutheetl*), Birkenpilze (*Grooheetl, Grookuppm, Groasmaajdl*), Butterpilze, Goldfußröhrlinge (*Schmährlinge, Schmährche*), Filzige Röhrlinge (*Ziegn- oder Ziegelippm*), Rotfußröhrlinge (*Rutfissl*) und Flockenstieligen Hexenröhrlinge (*Schusterpilze, Tannkappen*), werden zwar vom Pilzgänger gesammelt, sind aber wegen ihrer Schwammig- oder Schleimigkeit, besonders der alten Exemplare, wegen ihres milden, bissigen oder eigenartigen Geschmacks besser als Waldpilzmischung geeignet.

Von den Fächerpilzen haben noch der Waldchampignon oder Perlpilz (*Zigeiner*), der Hallimasch, der

Wiesenchampignon (*Scheißpilz*), die Stockschwämmchen mehr oder wenig große Bedeutung als Speisepilze, wobei eine Mahlzeit aus Hallimasch und Maronen im Herbst geschmacklich sehr zu empfehlen ist. Im Heideland wurden früher auch viele Grünlinge gesammelt, die heute als giftig eingestuft sind. Man trifft sie häufig auf Sandböden und unter Kiefern an.

Im Oberlausitzer Heide- und Teichland haben zu ärmlichen Zeiten die Pilze das fehlende Fleisch ersetzt. Ein Pilzgericht wird heute noch in diesem Gebiet als *Heedefleesch* (Heidefleisch) oder als *Buhschfleesch* bezeichnet.

Sauer eingelegte Pilze

Kleine feste Steinpilze werden etwa 10 Minuten in Salzwasser gekocht und in einem essigsauren Sud mit Öl und Gewürzen eingeweckt. Sie halten sich etwa 3 Monate.

Abgebackene Pilze

Zum *Abbacken* (Abtrocknen) eignen sich keine alten und schwammigen Pilze. Dagegen verlassen bei madigen Exemplaren während des langsamen Trocknens auf dem Fensterbrett die kleinen Würmer das Pilzfleisch. Der Oberlausitzer „trocknet" im Sprachgebrauch die Pilze nicht, sondern er bäckt sie ab, legt oder schneidet sie auf die *Backe*. Bei schlechtem Wetter trocknet man die Pilze im Backofen bei 60°C mit Umluft und etwas geöffneter Backofentür. Die getrockneten Pilze werden zum Verbrauch in Schraubgläsern aufbewahrt. Das Aroma bleibt so erhalten. Abgebackene Steinpilze und Maronen eignen sich zur Zubereitung von Pilzsuppe, Pilzsoße oder zur Geschmacksverstärkung bei Fleischsoßen und Gemüsebrühen. In meiner Familie gehören in jeden Gulasch und in jedes „Dicke Gemüse" getrocknete Pilze.

Pilzsuppe, Pilzmauke

Die Pilzsuppen werden mit Einbrennen zubereitet. Im Winter nimmt man dazu *abgebackene* (getrocknete) Pilze, die schon am Vorabend eingeweicht werden. 40 g getrocknete Pilze entsprechen etwa 300 g frischen. Der Koch garniert die Pilzsuppe mit *Bitterschilche* (Petersilie) und legt eine Schnitte mit oder ohne Butter dazu. Die Oberlausitzer verrühren aber lieber die Pilzsuppe mit dem Kartoffelmus zu *Pilzmauke*. Noch vor 100 Jahren tischten die Mütter ihrer Familie zu Heiligabend entweder *Mauke*, Wurst und Sauerkraut oder *Mauke* und Pilzsuppe mit getrockneten Pflaumen auf. Das galt nicht nur für Schlesien und Nordböhmen, sondern auch für die Dörfer um Löbau und Zittau.

Pilzkotelett

Mittelgroße bis große Steinpilze kann man auch als Kotelett herrichten. Die Kuppen werden in dicke Scheiben geschnitten und paniert. Man brät in Butter und würzt mit Salz und Pfeffer. Dazu reicht man *Abernmauke* (Kartoffelmus) und Preiselbeerkompott.

Gerichte

- *Mauke und gebrutte (gebrotne) Pilze*
  Gebratene Pilze mit Kartoffelbrei
- *Mauke, gebrutte (gebrotne) Pilze und Rihrei*
  Gebratene Pilze, Rührei und Kartoffelbrei
- *Gebrutte (Gebrotne) Pilze und anne Butterschniete*
  Gebratene Pilze mit einer Butterschnitte
- *Pilzmauke mit Backpflaum*
  Kartoffelbrei mit Pilzsoße und getrockneten Pflaumen
- *Pilzsuppe mit Brutfiedln*
  Pilzsuppe mit eingebrocktem Brot

Zu DDR- Zeiten fuhren viele Oberländer mit ihrem *Trabbi a de Heede* (in das Heideland), um im Juli Heidelbeeren zu pflücken oder im August und September Pilze zu suchen. Heute kaufen die Bequemen ihre Pfifferlinge oder Herrenpilze auf dem Polenmarkt.

Rezept für Gebratene Pilze

Zutaten

1 kg	Waldpilze, gemischt
100 g	Butter
3	kleine Zwiebeln
	Salz
	Pfeffer
	Kümmel

Zubereitung

Die Waldpilze werden geputzt und in dünne Scheiben geschnitten. Beim Säubern sollte auf Wasser verzichtet werden, weil sich die Pilze damit voll saugen. In einer großen Pfanne werden die Pilze so lange gebraten, bis das Wasser verdampft ist. Man gibt die Butter, die geschnittenen Zwiebeln und den Kümmel dazu und brät weiter. Zum Schluss wird mit Salz und Pfeffer abgeschmeckt. Mit Gewürzen, wie Thymian oder Petersilie, sollte man sparsam umgehen, da sie das Pilzaroma überlagern. In der Oberlausitz isst man zu den gebratenen Pilzen Kartoffelmus oder Brot. Gebratene Pilze, die übrig geblieben sind, kann man einfrosten. Die Zubereitung der *Mauke* (Kartoffelbrei) wird in einem gesonderten Abschnitt behandelt.

Variationen

Sind die Pilze sehr trocken, z. B.: kleine Pfifferlinge, können sie sofort mit Butter oder Margarine gebraten werden. Manche Köche braten die Pilze auch mit Knoblauch oder zerschneiden die Zwiebeln zu Würfeln, die dann, zusammen mit den Pilzen, serviert werden. Reicht die Pilzmenge nicht aus, rührt man beim Braten Eier darunter. Man kann auch die Pilze und das Rührei getrennt zubereiten.

An Pilzn
von Hans Klecker

Wenn´s raajnt, wenn´s wächst, wenn´s Pilze gibbt,
do hoann de Leute Freede,
do trifft sich´s hoalbe Äberland
ba Rietschn a dr Heede.
O Sauersch Fritz fuhr mit serr Froon,
mit Frieder und Ulricke.
Oack wie´r su vill Autos soahg,
do hutter´sch undlch dicke.
Und doasterwaajgn fuhr mei Fritz
uff oabgelaajne Fleckl.
Se fitschltn an Pilzn rim
und stacktn se as Säckl.
De beedn Weibsn zug´s noa raajchts,
as Dicktch rei kruhch dr Frieder.
Und - schwupp de wupp - se foann´ch ne mih
und´s Auto o ne wieder.
Wie woarrn se aber heemgekumm?
Dr Junge mi´n Busse,
de Weibsn hoann´ch enn oaagelacht
und Sauersch Fritz zu Fusse.
Und sellst de a dr Heede senn
und hirrscht a Moannsbild fluchn,
do wird´s wull Sauersch Fritzl senn.
A tutt noa´s Auto suchn.

Saalzabern und Dilltunke
Salzkartoffeln und Dillsoße

Das Zubereiten der Dillsoße geht sehr schnell und ist in 15 Minuten erledigt. Dazu kommt noch, dass die Bauern und Häusler im Garten *Dille* (Dill, Gurkenkraut) anbauten, aber auch andere Gewürzpflanzen (siehe hierzu auch Abschnitt „Dickes Gemüse" Seite 96).

Die Dillspitzen werden auch heute noch gerne zum Anmachen von Salaten, wie Gurkensalat, von Quark und Kräuterbutter verwendet.
Die Dillsoße eignet sich als Beigabe zum Karpfen, zum Hering, zu Salzkartoffeln, zu Klößen, zum Rindfleisch oder zum Rinderbraten.

Gerichte mit Dillsoße

- *Saalzabern und Dilltunke*
  Salzkartoffeln mit Dillsoße
- *Saalzabern, Gewiegtes und Dilltunke*
  Buletten mit Salzkartoffeln und Dillsoße
- *Abernstickl, Dilltunke und gesuttne Ee-er -*
  Salzkartoffeln, Dillsoße und gekochte Eier

Rezept für Kartoffeln mit Dillsoße

Zutaten für 4 Personen

1 kg	Kartoffeln
50 g	Butter
2 EL	Weizenmehl
1 Bd.	frischen Dill
2	Eier
	Wasser
	Salz
	Pfeffer

Zubereitung

Die Kartoffeln werden gründlich gewaschen, geschält, abgespült, je nach Größe im Ganzen oder geviertelt, in kaltes Salzwasser gegeben und aufgekocht. Man lässt sie etwa 25 Minuten im leicht kochendem Wasser garen. Vor dem Servieren wird die Flüssigkeit abgegossen.
Die Dille aus dem Gemüsegarten wird gewaschen, getrocknet und mit dem Wiegemesser zerkleinert oder einem Küchenmesser klein gehackt. Zwei Eier werden verquirlt. Man fertigt eine Einbrenne aus Butter, Mehl, Salz und Pfeffer, unter ständigem Rühren, an. Die Mehlschwitze wird mit ca. 1 Liter Wasser abgelöscht und aufgekocht. Nach dem Eindicken werden die zerhackte Dille und die gequirlten Eier untergerührt.

Variationen

In den Kochbüchern wird statt Wasser meistens Milch oder Fleischbrühe empfohlen, obwohl die in meiner Familie mit Wasser bereitete Dillsoße sehr gut schmeckt. Man muss die Eier auch nicht unterrühren, sondern kann sie hart kochen, schälen, halbieren und zum Schluss in die Tunke legen.
Möchte man eine saure Soße anrichten, empfiehlt sich die Zugabe von 2 bis 3 Esslöffeln Zitronensaft, oder eine süßsaure, dann von 1 bis 2 Esslöffeln Zucker und Zitronensaft oder Essig.

Kartoffelgerichte

Sauer Abern
Saure Kartoffeln oder warmer Kartoffelsalat

„Sauer Abern mit Spaajk gemischt, de bestn Griefm rausgefischt, doaas oalls krigt's Gesinde", lautet ein alter Volksvers.

Der Oberlausitzer als großer *„Abernfrasser"* kennt für den Kartoffelsalat die unterschiedlichsten Rezepte: Kartoffelsalat kalt und warm, mit und ohne Speck, mit und ohne Essig, mit und ohne Gurke, mit und ohne Zwiebel, mit und ohne Eier, mit und ohne Mayonnaise. Auch unter dem Namen „saure" oder „sauer" *Abern* stellt sich nicht jeder die gleiche Speise vor. Die mit Essig, Zitronensaft und saurer Gurke angemachten *Abernstickl* (Südlausitz) oder *Sticklabbern* (Ostlausitz) serviert die eine Hausfrau kalt und die andere lauwarm mit ausgelassenem Speck. Marinaden und saure Würzen stellten sich unsere Ahnen selber her. Die mit Speck und Gurke zubereiteten *Sauren Abern* nennt der Oberlausitzer auch *Spaajkabern* (Speckkartoffeln) oder *Gurknabern* (Gurkenkartoffeln). Bei der Namensgebung kommt es darauf an, welche Zutat dominiert. In einigen Oberlausitzer Familien werden am Heiligen Abend zum Kartoffelsalat Wiener Würstchen mit mittelscharfem Senf und frisch geraspeltem Meerrettich serviert.

Gerichte

- *Gurknabern und Rihrei*
  Gurkenkartoffeln und Rührei oder Gestocktes Ei
- *Saure Abern und a gebruttn (gebrotn) Ä (Ei)*
  Kartoffelsalat und Spiegelei
- *Saure Abern und woarme Wirschtl*
  Wiener Würstchen (oder Bockwurst) mit Kartoffelsalat
- *Saure Abern und anne Knolblchwurscht*
  Warme Knoblauchwurst mit Kartoffelsalat
- *Saure Abern und Schweinefleesch*
  Kartoffelsalat und gekochtes Schweinefleisch

Rezept für Saure Kartoffeln mit Speck und grüner Gurke

Zutaten für 4 Personen

800 g	Pellkartoffeln
30 - 70 g	Speck
1	Salatgurke oder Gewürzgurke
150 ml	Fleisch- oder Gemüsebrühe
	Essig nach Bedarf
1 Pr.	Salz
1 Pr.	Pfeffer

Zubereitung

Die Kartoffeln werden mit der Schale weich gekocht. Die grüne Gurke wird in eine Schüssel gehobelt. Den Speck schneidet man in kleine Würfel, lässt ihn in der Margarine aus und vermengt ihn mit der Gurke. Die Kartoffeln werden geschält, in Scheiben geschnitten und mit der Gurke und den Speck vermischt. Darüber gießt man nur so viel heiße Brühe, wie der Kartoffelsalat verträgt, dass er fest bleibt. Zum Schluss wird Essig dazugegeben und mit Salz und Pfeffer abgeschmeckt.

Variationen

Zu den Gurkenkartoffeln nimmt man im Winter statt Grüner Gurke gehobelte Äpfel. Die Sauern Abern kann man auch mit Gewürzgurken zubereiten. Statt Fleischbrühe verwendet man dann Gurkenwasser. Der Kartoffelsalat kann auch mit verschiedenen Kräutern, wie Dille oder Schnittlauch, verfeinert werden. Man kann auch unter den Kartoffelsalat Salzheringswürfel mengen und dem Gast das Gericht als *Harchabern* (Heringskartoffeln) auf der Speisekarte anbieten.

Teichlmauke
Kartoffelbrei mit Rindfleischbrühe

Volkskundliches

Im 19. Jahrhundert war gekochtes Rindfleisch mit Meerrettich- oder Rosinensoße das beliebteste Hochzeitsgericht auf den Oberlausitzer Dörfern. Es stellte auf einer Hochzeit eines armen Bauern, Gärtners oder Handwebers die Hauptspeise dar und wurde in großen Mengen aufgetragen. Bei einem mehrgängigen Menü der wohlhabenden Bauern und Rittergutsbesitzer wurde das gekochte Rindfleisch als zweiter oder dritter Gang serviert. Aufgetragen wurden Fischgerichte, zwei bis drei Suppen, Fleischgerichte, Breie, Grützen, Braten, Backobst, Würste, Aufschnitt, Sülze, Kaffee und Kuchen.

Heute hat der Braten am Festtagstisch dem Kochfleisch den Rang abgelaufen. Aber das gekochte Rindfleisch hat sich in Verbindung mit Kartoffelbrei unter dem Namen *Teichlmauke* zum Nationalgericht der gebirgigen Oberlausitz entwickelt.

Diese Brühmauke wird an Sonn-, als auch an Wochentagen in vielen Familien als Hauptgang, aber auch auf Hochzeiten und zu Jubiläen als Vorspeise serviert. Nach der berühmten Eierstichsuppe und der *Koallchl-* (Keulchen-) oder *Kließlsuppe* (Klößchensuppe) nimmt eine mit viel Brühe angerichtete *Teichlmauke* einen vorderen Platz der beliebtesten Hochzeitssuppen ein. Im Unterschied zum herkömmlichen Kartoffelmus wird beim Zubereiten der *Teichlmauke* statt Milch, Sahne oder heißem Wasser in der Regel Fleischbrühe genommen.

Diese Brühmauke erhielt erst im 20. Jahrhundert den Namen *Teichlmauke*. Vorher hieß die Speise „*Abernmauke und Rindfleeschbrihe*". In Obercunnersdorf sagte man vor 60 Jahren noch *Timplmauke* dazu, in anderen Dörfern *Titschlmauke* und in der Ostlausitz *Brihabbern*.

Die Hausfrau oder der Koch drückt mit der Kelle *anne tiefe Delle* in den weichen Kartoffelbrei und *schitt ann Schwoaps Brihe as Maukelooch* (und gießt eine Kelle Rindfleischbrühe in die Vertiefung des Kartoffelbreis). Und schon ist das *Teichl* (kleiner Teich) oder *Timpl* (Tümpel) fertig. Beim Verspeisen dieses Gerichts wird das *Teichel* mit dem kleingeschnittenen Fleisch und dem Kartoffelmus ausgelöffelt. Aus der restlichen *Teichlmauke* kocht die sparsame Hausfrau für den nächsten Tag *Abernsuppe* (Kartoffelsuppe).

Rezept für Teichlmauke

Zutaten für 4 Portionen

1,3 kg	große mehlige Kartoffeln
4	Pimentkörner
500 g	Kochfleisch vom Rind Brüh- oder Markknochen
2	Lorbeerblätter
1 Päckel	Wurzelwerk
1	kleine Zwiebel
	evtl. Majoran
evtl. 2 Zehen	Knoblauch
	Salz und Pfeffer

Statt mit Majoran kann man auch mit Muskatnuss würzen und eventuell auf den Pfeffer verzichten.

Zubereitung

Das Kochfleisch, die Markknochen, die Zwiebel, das Wurzelwerk, die Lorbeerblätter, die Pimentkörner und evtl. die Knoblauchzehen werden in 1,5 bis 2 Liter salzasser gegeben, zum Kochen gebracht und mit Salz und Pfeffer abgeschmeckt. Dabei wird die Stürze nicht zugemacht.
Wenn das Fleisch weich ist, wird es herausgenommen, kalt gestellt, von den Knochen entfernt und in kleinere Stücke geteilt. Die Brühe lässt man etwas einkochen und würzt sie bei Bedarf mit Salz und Pfeffer nach.
Parallel dazu werden die geschälten Kartoffeln in Salzwasser weich gekocht und abgegossen. Im Anschluss stampft man sie mit Salz, Majoran und der zubereiteten Rinderbrühe zu Brei. Die Rinderbrühe sollte sparsam zugegeben werden, damit die Mauke nicht zu breiig wird. Das Fleisch wird zurück in die Brühe gegeben und noch einmal heiß gemacht.
Zum Anrichten kommt die Mauke auf einen tiefen Teller. Mit der runden Seite der Kelle drückt man eine Vertiefung in den Brei, in das das Fleisch gegeben und die Fleischbrühe gegossen wird. So entsteht das *Teichl*.
Man kann aber auch in einen tiefen Teller das kleingeschnittene Fleisch legen, ringsherum Kartoffelbrei, und das große Loch in der Tellermitte mit Brühe auffüllen.

Beilagen

Wer gerne möchte, kann rund um die Mauke Sauerkraut legen und / oder als fleischerne Beilage dazu Rippchen oder ein Paar „Weiße Würstel" essen.

Klöße, Käulchen, Plinsen und Nudeln

Häfekließl und Heedlbeerpoappe
Hefeklöße mit Heidelbeerkompott

In schlechten Zeiten wurden die Oberlausitzer Kinder von ihren Müttern in die Heidelbeeren geschickt. Wenn die Kinderschar aus den Beeren kam, sang sie Lieder oder trug von Dorf zu Dorf abweichende Volksverse vor. In Ebersbach/Sachs sang man:

*Hullärn, bullärn,
itz kumm mer aus'n Bärn,
n Bodn hoann mer ieberdackt,
de andern hoann mer
as Maul gestackt.*

Noch in den fünfziger Jahren fuhren jährlich ganze Familien aus dem Oberland von früh bis zum späten Abend, bewaffnet mit Wassereimern, Seideln, Halbseideln, *Milchkriegln* und *Pflucketippl* (Pflücktöpfchen) *a de Heede* (in die Heide), um Heidelbeeren zu pflücken. Am nächsten Tag gab es dann zu Mittag Hefeklöße mit Heidelbeeren oder zur Vesper Heidelbeerkuchen. Die meisten Beeren kochte die Mutter ein oder trocknete sie. In der kalten Jahreszeit gab es dann Heidelbeerpfannkuchen, Heidelbeermarmelade oder Heidelbeerkompott. Letzteres verordnete die Mutter den Kindern bei Fieber. Bei Durchfall bekamen sie getrocknete Heidelbeeren vorgesetzt.

Im Süden und Westen der Oberlausitz hießen diese Waldbeeren *Heedlbeern* oder *Heedlbärn*, im Osten und Norden

Bloobihrn oder *Bloobärn* (Blaubeeren), im benachbarten Sudetenland auch *Schwoarzbeern* (Schwarzbeeren). Als *Heedlbeerschmähre* oder *-poappe* wurde der Heidelbeerbrei auch auf die Schnitten oder die Kartoffeln geschmiert.

Kartoffel-, Semmel-, Grieß-, Schäl- (siehe *Schälkließ*l) oder *Raffklöße* (siehe *Roaffkoallchl*) haben in der Oberlausitz größere Bedeutung als *Häfe-, Häf-, Häfmkließl* oder *Häfekoallchl*. Allerdings kamen letztgenannte jährlich mindestens einmal auf den Mittagstisch, meistens zusammen mit Heidelbeermus oder Zucker. Diese Süßspeise wurde schon von den Kindern eingemahnt.

Rezept für Hefeklöße

Zutaten für 4 Personen

500 g	Mehl
	Salz
250 ml	Milch
30 g	Hefe
50 g	Zucker
50 g	Butter oder Margarine
2 l	Salzwasser
	braune Butter
	Zucker-Zimt-Mischung
	Heidelbeerkompott

Zubereitung

Die frisch gesammelten Heidelbeeren werden verlesen, gewaschen und in etwas Wasser mit Zucker kurz gedünstet. Der Heidelbeerbrei sollte dick bleiben.

Zuerst wird das *Häfesteckl* (Hefestock, Hefestück) angesetzt. Dazu gibt man das Mehl in eine Schüssel, drückt in die Mitte eine Vertiefung und schüttet die in lauwarmer Milch verquirlte Hefe und einen Esslöffel Zucker hinein. Das Ganze wird zugedeckt und warm gestellt, bis das Hefestück nach etwa 30 Minuten aufgegangen ist. Dann werden das Ei, die restliche Milch, das Salz, die restliche Menge Zucker und die in kleine Flocken zerstückelte Butter untergeknetet. Man lässt den Teig ein zweites Mal etwa 40 Minuten zum Aufgehen stehen, knetet ihn durch und formt ihn zu Klößen.

Nun dämpft man die Klöße etwa 15 Minuten. Dazu werden sie in einen *Nudelseiher* (Küchensieb) gegeben, der auf den Topf mit dem siedenden Wasser gestellt und mit einer Stürze zugedeckt wird. Legt man ein Tuch darüber, wird die Dampfentwicklung nochmals verringert. Die gedämpften Klöße werden herausgenommen und mit zwei Gabeln aufgerissen, damit der Dampf entweichen kann. Die fertigen Klöße begießt man mit brauner Butter und bestreut sie mit einer Zucker-Zimt-Mischung. Dazu serviert man Heidelbeerkompott.

Variationen

Man kann die *Häfekließl* auch mit Vanillin-Zucker bestreuen oder mit *Äpplpoappe* (Apfelmus) oder *Pflaumtunke* (Pflaumensoße) servieren.

Pflaumkließl
Pflaumenklöße

Pflaumen werden in Mitteleuropa nachweislich seit etwa 1200 Jahren systematisch angebaut. Es soll ein Verdienst Karls des Großen sein.

Der Oberlausitzer unterscheidet drei Pflaumensorten. Da gibt es die *Grischl, Grieschl, Krischl, Krieschl, Krichl oder Kriechl*. Dabei handelt es sich um eine kleine Schlehe von gelber oder blauer Farbe. Die großen, ovalen, gelben oder orangefarbenen Eierpflaumen nennt er *Moarunkn* (Marunken) oder *Schmoarunkn* (Putzkau, Ohorn, Steina, Bühlau) und die späten blauen Pflaumen oder *Zwetschgen Ungersche Pflaum* (Ungarische Pflaumen). Die letzten eignen sich für die *Pflaumkließl* (Pflaumenklöße) am besten und werden im oberdeutschen Sprachraum Zwetschgenknödel genannt. Traditionsgemäß gibt es in jeder Oberlausitzer Familie in der Zeit der Pflaumenernte mindestens einmal Pflaumenkuchen und einmal Pflaumenklöße.

Die größte Bedeutung als Nahrungsmittel hat wohl die Pflaume als Pflaumenmus, das die Ärmsten der Armen ausreichend zubereiteten und mit dem sie Schnitten, Kartoffeln und Klöße bestrichen. Das Pflaumenmus tritt in der Oberlausitz unter den unterschiedlichsten Namen auf, z.B.: *Pflaumpoappe, Pflaumpoampe, Schmoadderunks, Schmunks* oder *Schmunds* (Weifa). Diesen unbeliebten, unappetitlich aussehenden, pappigen, eintönigen Belag mit der dazugehörenden Frucht übertrug das Volk auf langweilige Personen und Pantoffelhelden und kreierte Namen wie *Pflaumhoanne, Pflaumheinerch, Pflaumsaak, Pflaumtute, Pflaumtuffl* oder *Pflaumruperch*. Auf dem Dresdner Striezelmarkt werden heute noch *Pflaumtuffl* (Pflaumentoffel) angeboten. Das sind Männlein aus Backpflaumen, die bei höchstens 60°C im Backofen gedörrt werden.

Die Hausfrauen stellten diese Trockenpflaumen als Wintervorrat in großer Menge her. Backpflaumen sind auch Bestandteil des *„Schlesischen Himmelreichs"* und der *„Leipziger Räbchen"*. In der Oberlausitz und im benachbarten Sudetengau wurde noch vor dem 1. Weltkrieg Pflaumensuppe mit Pilzen und *Mauke* zu Heiligabend und in der Neujahrsnacht als traditionelles Gericht serviert.

Lusst's Euch schmeckn und denkt derbei a doaas Verschl:
„Bimbaum, Äppl und Pflaum, Birn und Nisse schmeckn sisse!"

Rezept für Pflaumenklöße

Zutaten für 4 Personen

1,5 kg	Kartoffeln
150 g	Mehl
100 g	Stärkemehl
2 EL	Grieß
2	Eier
1 Pr.	Salz
	Pflaumen
	Würfelzucker
	braune Butter
	Zimt und Zucker

Zubereitung

Die Kartoffeln werden geschält, gekocht und am nächsten Tag durch die Presse gedrückt.
Aus dem Kartoffelmus, dem Mehl, dem Stärkemehl, dem Grieß, dem Salz und den Eiern knetet man einen Teig. Die Pflaumen werden entkernt und mit einem Stück Würfelzucker gefüllt. Der Teig wird zu Klößen geformt, mit einer gefüllten Pflaume bestückt, festgedrückt und rund gerollt. Nun gibt man die Klöße ins kochende Wasser und lässt sie bei geringer Hitze ziehen. Nach etwa 20 Minuten werden sie kurz mit kaltem Wasser abgeschreckt und mit einem *Kließlhäber* (Schaumkelle) in eine Schüssel gehoben. Auf dem Teller schneidet man die *Pflaumkließl* einmal an, beträufelt sie mit einem Löffel brauner Butter und *tunkt* sie vor dem Verzehr mit der Gabel in eine Zucker-Zimt-Mischung.

Plinsen
Eierkuchen

Eine Plinse (weibl.) oder Plinze ist ein dünner runder Eierkuchen in Pfannengröße, der goldgelb gebacken und der häufig zusammengerollt serviert wird. Der Name stammt aus dem Slawischen und wurde der sorbischen Sprache entlehnt. „Plinsen" gibt es in der Ober- und Niederlausitz, im Obersächsischen und im Schlesischen. Von Ort zu Ort abweichend bezeichnen die Oberlausitzer die Plinse auch als einen *Plins* (männl.) oder *Plinz*, als einen *Plinsn* (männl.) oder *Plinzn*. In anderen deutschen Landen sind sie unter den Namen Eierkuchen, Pfannkuchen, Palatschinken, Fladen, Eierpuffer oder Omeletts bekannt, weichen aber nicht selten von der Rezeptur und der Stärke der Plinse voneinander ab. Sie können sowohl als Haupt- als auch als Nachspeise verzehrt werden. Mancher Oberlausitzer bezeichnet auch die Kartoffelpuffer als *Abernplinsn*.

Besonders bei Kindern sind Plinsen als Süßspeise sehr begehrt. Manche Hausfrau bäckt auch Apfel-, Kirschen-, Pflaumen- oder Heidelbeerplinsen. Herzhafte Eierkuchen mit Gemüse, Speck oder Käse sind eher die Seltenheit. Besonders im Oberlausitzer Heideland und im benachbarten Schlesien wurden sie früher mit *Heedemahl* (Buchweizenmehl) oder *Hierschemahl* (Hirsemehl) zubereitet. Unsere Urgroßmütter verwendeten zum Backen auch Ziegenmilch und *Biestmilch*, wie die erste Milch nach dem Kalben genannt wird. Traditionell wird für die Zubereitung von Plinsen die saure Milch (Buttermilch) genommen. Man kann dem Teig zusätzlich noch Hefe, Natron, Backpulver oder Mineralwasser mit Kohlensäurezusatz zugeben.

Der Oberlausitzer unterscheidet zwischen *Ee-erplinsn* (Eierplinsen), *Äppl-* und *Quoarkplinsn* (Quarkplinsen). Bei den letztgenannten wird Quark mit oder ohne Kartoffelbrei im Tiegel gebacken (siehe *Quoarkkoallchl*).

Rezept für Eierplinsen

Zutaten für 12 Plinsen
250 g   Mehl
500 ml   Buttermilch, Milch oder Wasser
6   Eier
½ TL   Salz
100 g   Fett oder Öl zum Braten

Zubereitung
Buttermilch, Mehl, Eier und Salz werden zusammen in einer Schüssel verrührt. Man zerlässt etwas Fett in einem Tiegel und gibt einen Schöpflöffel von der Plinsenmasse hinein. Dabei wird der Tiegel etwas angehoben, damit der Teig breit ausläuft. Der Tiegel muss während des Backens gerüttelt werden, damit die Plinse nicht hängen bleibt. Erst wenn der Eierkuchen goldbraun ist, wird er mit dem Messer oder Heber gewendet und auf der anderen Seite gebraten.
Die Plinsen werden mit Zucker bestreut oder mit *Äpplpoappe* (Apfelmus), *Preuslbeerpoappe* (Preiselbeeren) oder einer anderen Konfitüre bestrichen und zusammengerollt. Man trinkt *a Tippl Koaffee* (ein Töpfchen Kaffee) dazu. Vor dem Eierkuchenverzehr bekommt die Familie von der Mutter als Vorspeise eine herzhafte Suppe vorgesetzt. Besonders die Kinder sind ganz erpicht auf Plinsen und *frassn wie anne siebmkeppche Raupe*.

Verschluckt
von Hans Klecker

Dr Grußvoater hoat wull geducht:
„Dr Oarsch, dar soll ne rustn."
A stuppt de Plinsn rei an Schlunk
und muss uff eemol hustn.
Dr Bruno, woaas sei Enkl is,
hoat eeboarmch zugeguckt:
„Nu. Opapa, woaas is der denn?"
„Iech hoa miech groad verschluckt."
„Verschluckt?", dr Junge find´ch ne rei
und escherfiert´ch derno:
„Mei lieber Opa schwindl ne,
iech sah´s, du sitzt noa do!"

Schlunk: Schlund, Rachen
escherfiern: echauffieren, sich aufregen

Quoarkkoallchl
Quarkkäulchen

Bei den Quarkkäulchen soll es sich um eine sächsische oder Dresdner Spezialität handeln. Mag sein oder nicht sein, auch in der Oberlausitz, in der Niederlausitz, in Schlesien, Thüringen und Hessen sind sie bekannt. Im Internet und in den Kochbüchern findet man häufig die Schreibweise „Quarkkeulchen", obwohl es sich bei dieser Süßspeise um eine kleine *Kaule* (Rolle, Kegelkugel) handelt, die rund oder kaulenförmig ist, aber zum Braten meist zu einer runden talerförmigen Plinse abgeflacht wird.

Im Unterschied zu den schlesischen und hessischen Rezepten werden die *Quoarkkoallchl* oder *-koallchn* aus Kartoffeln und Quark, nicht nur aus Mehl und Quark zubereitet. Manche Leute nennen sie auch *Kasekoallchl* (Käsekäulchen) oder in flachgedrückter Form auch *Quoark-* oder *Kaseplinsn*. Kartoffeln und Quark werden im Verhältnis 2 zu 1 eingesetzt. In anderen Regionen werden sie auch *gebackne Kließe* oder *Quoarkkließe* genannt.

Kartoffeln und Ziegenquark hatte die Hausfrau aus eigener Produktion immer parat. Aus nicht verzehrten Kartoffeln oder *Mauke* (Kartoffelmus) formte sie Klöße und buk sie in Fett goldbraun. Trägt man Quarkkäulchen als warme Süßspeise zu Mittag auf, wird als Vorspeise eine Suppe serviert.

Humorvolles aus der Oberlausitz

*Richtersch hoann Besuch. 'n ganzn Tag sielt'ch de Tante Lure a dr Stube rim.
Endlch stitt se uf und soit zun klenn Marko: „Schoaffst de miech uff'm Bus?"
„Nee, doaas gitt heute ne, de Mutter hoat gesoit,
wenn de raus bist, tu mer vaspern!"*

Rezept für Quarkkäulchen

Zutaten für 4 Personen

500 g	Kartoffeln
250 g	Quark
100 g	Mehl
30 g	Zucker
30 g	Rosinen oder Korinthen
1 Prise	Salz
1	Ei

Zubereitung

Die Kartoffeln werden mit der Schale gekocht, geschält, gerieben oder gepresst und mit dem Quark, dem Zucker und dem Salz verrührt. Das Ei, die Rosinen und das Mehl wird unter die Masse geknetet. Mit mehligen Händen werden kleine Klöße oder kleine Kaulen geformt, flach gedrückt und im heißen Öl oder Butterschmalz bei nicht zu großer Hitze langsam auf beiden Seiten goldgelb ausgebacken. Der Heideländer nimmt dazu gerne Lausitzer Leinöl.
Man bestreut die Quoarkkoallchl vor dem Servieren mit Zucker oder Staubzucker.

Variationen

In Notzeiten knetete man geriebene Schälkartoffeln mit Mehl, Salz und Quark zu einem Teig. Daraus konnte man Plätzchen formen, die auf der Herdplatte goldgelb gebacken wurden. Die Käulchen oder Plätzel bestreute man mit Zucker und verzehrte sie warm.

Klöße, Käulchen, Plinsen und Nudeln

Roaffkoallchl
Raffkäulchen – Raffklöße

Die Oberlausitzer Hausfrauen bringen die *Roaffkoallchl* (Raffkäulchen) unter den unterschiedlichsten Namen auf den Mittagstisch. Ich kenne mittlerweile auch die Bezeichnungen *Roaffkließl* (Raffklöße), *Lefflkoallchl* (Löffelkäulchen), *Lefflkließl* (Löffelklöße). In Großröhrsdorf werden sie *Angstknotn* und in Altbernsdorf *Kneetl* (Knötchen) genannt, da sie die Form von unförmigen Klumpen aufweisen. Der Ehemann, der diese großen Klöße, Keulchen oder Batzen vorgesetzt bekommt, nennt sie abfällig *Oarschloochschinder* (Arschlochschinder). Mit Rindfleisch-, Hühner- oder Wurstbrühe kann man sie als *Koallchl-, Kneetl-* oder *Kließlsuppe* servieren. Dann dürfen sie aber nicht größer als Wallnüsse sein.

Humorvolles aus der Oberlausitz

„Frooe, wu stitt'n mei Assn? A dr Ufmrihre oder uff dr Ploatte?"
„Nisccht vu beedn, dei Assn stitt an Koachbuche uff dr Seite 72."

Gerichte

- *Koallchlsuppe*
  Rind- oder Hühnersuppe mit Raffkäulchen
- *Roffkoallchl* mit brauner Butter, Zucker und Zimt
- *Roaffkoallchl* und *Äpplpoappe*
  Raffkäulchen und Apfelmus
- *Roaffkoallchl* und *Dilltunke*
  Raffkäulchen mit Dillsoße
- *Roaffkoallchl* und *Gemiese*
  Raffkäulchen mit Gemüse
- *Roaffkoallchl, Koassler* und *Backpflaum*
  Raffkäulchen, Kassler und Backpflaumen (Schlesisches Himmelreich)

Beim Zubereiten einer Kließl- oder Koallchlsuppe werden die Käulchen nicht extra im Salzwasser, sondern gleich in der Fleisch- oder Wurstbrühe gekocht.

Rezept für Raffkäulchen

Zutaten

500 g	Weizenmehl
4	Eier
½ Tasse	Wasser
1 TL	Salz
2 l	Salzwasser
	geriebene Muskatnuss

Zubereitung

Die Eier werden verquirlt und mit Wasser, Salz und geriebener Muskatnuss versetzt. Nun gibt man das Mehl dazu und knete die Masse zu einer Art Nudelteig. Es werden 2 Liter Salzwasser zum Kochen gebracht. Man taucht einen Esslöffel in das siedende Wasser und rafft damit kleine, mittelgroße oder große Klumpen vom Teig ab, die etwa 30 Minuten in dem leicht siedenden Salzwasser weich gekocht werden. Man hebt diese *Roaffkließl* mit dem *Kließlroaffer* (Schaumlöffel) aus dem Salzwasser oder der Fleischbrühe.

Varianten

Einige Köche nehmen statt Mehl eingeweichtes Semmelbrot oder Grieß, statt Wasser Milch oder verfeinern den Teig mit Butter oder Margarine.

Salbergemachte Nudln
Selbstgemachte Nudeln

Gab es auch sechsmal in der Woche *Schälabern* zu Mittag, so brachte die Mutter am Sonntag etwas Besseres auf den Tisch. Das waren dann *Mauke* (Kartoffelbrei), *Kließl* (Klöße), *Koallchl* (Keulchen) oder Nudln mit oder ohne Fleisch. Da gab es schon große Unterschiede von Dorf zu Dorf, von Familie zu Familie, zwischen Arm und Reich. Was in Seifhennersdorf die *Koallchl* und in Obercunnersdorf die *Mauke*, waren im benachbarten Eibau die Nudeln. Nicht umsonst heißt der Ort im Volksmund *de Nudleibe*.

Für den Spitznamen *Nudleibe* gibt es zwei Erklärungen. Vor dem Kirchgange stellte fast jede Hausfrau in Eibau den Nudelteig zum Trocknen in den Garten. Den Passanten fiel das auf. Sie schmunzelten und hießen das lange Dorf *Nudleibe*. Die Oberlausitzer erzählen sich auch, dass die Eibauer Hausfrauen den einquartierten Soldaten etwas besonders Gutes vorsetzen wollten. Wenn sich die Soldaten unterhielten, was es denn zu Essen gab, sagte einer nach dem anderen: „Nudeln!" „Nudeln!" „Nudeln!"

Fadennudeln, Spaghetti, Makkaroni oder Spätzle waren unseren Altvorderen unbekannt. Sie stellten Bandnudel her, die man bei besonders großer Breite in Jonsdorf und Bertsdorf *Schneiderfleckl*, in Reibersdorf *Flecklnudlm* und in Gebelzig *Hoadernudl* nannte. Die Nudeln wurden früher als eine Art Eintopf mit Weißkraut und Rindfleisch gegessen oder kamen nach der besonderen Art ihrer Zubereitung als *Schälkließl* auf den Tisch.

In den neueren Nudelrezepten wird statt des Weizenmehls Hartweizengrieß empfohlen.

Volksreim

A dr Eibe, do warrn Nudln gemacht,
do frisst´ch a jeder ´n Bauch vul, doaaß´s kracht.
Und war do kimmt, dan wird´s gesoit:
„War keene Nudln moagg, wird rausgejoit."

Nudelgerichte

- *Butternudln und Reecherwursch*
  Geräucherte Mettwurst mit Nudeln
- *Salbergemachte Nudln und Koarnickl*
- *Salbergemachte Nudln und Zickl*
- *Wurschtnudln mit geriebnen Kase*
  mit Jagdwurst und geriebenem Käse
- *Krautnudln*
  Nudeln mit Kraut
- *Nudeln und Tumatntunke*
  seit ca. 80 Jahren, Nudeln mit Tomatensoße
- *Butternudln und Jaajerschnitzl*
  nach 1945; Jägerschnitzel ist panierte gebratene Jagdwurst, mit Butternudeln

Nudelrezept

Zutaten für 4 Personen
300 g   Weizenmehl
2   Eigelb
1   komplettes Ei
6 EL   lauwarmes Wasser
2 TL   Salz

Zubereitung
Das Mehl wird auf eine große glatte Unterlage gesiebt. Dazu eignet sich ein Nudelbrett von einer Größe von 90 cm x 55 cm mit einem hinteren Rand und zwei seitlichen Rändern mit Grifflöchern. Die Eier verquirlt man und gießt sie und etwas Wasser auf das Mehl. Die Masse wird solange geknetet, bis ein geschmeidiger Teig entsteht. Man lässt ihn eine halbe Stunde, mit einem Küchenhandtuch abgedeckt, bei Zimmertemperatur ruhen. Ist der Teig zu fest, wird noch etwas Wasser darunter geknetet. Ein guter Nudelteig darf keinesfalls an den Händen kleben.
Man formt aus der Masse vier Klöße und rollt diese mit dem *Mandlgultsch* (Nudelholz) auf einer bemehlten Arbeitsfläche dünn aus. Das Nudelholz wird immer von sich weg nach außen gerollt. Der Teig muss etwa sechsmal gedreht, mit Mehl bestäubt und ausgemangelt werden.
Die ausgerollten Teigfladen wurden zum Trocknen über dem Herd aufgehängt oder etwa eine Stunde auf ein Tischtuch gelegt und in dünne Streifen geschnitten. Der Teig kann ein bis zwei Wochen an einem kühlen und trockenen Ort aufbewahrt werden.
Man bringt reichlich Wasser zum Kochen und gibt Salz und die Nudeln dazu. Die Nudeln werden etwa 10 Minuten gekocht und durch den *Nudlseeger* (Durchschlag) abgegossen, aber nicht abgespült.
Nudeln, die mit zerlassener Butter aufgewärmt und bei Bedarf mit Salz abgeschmeckt werden, sind unter dem Namen „Butternudeln" bekannt. Man mengt den heißen Nudeln gewürfelte Jagdwurst, vorgebraten oder ungebraten, unter und bestreut sie mit geriebenem Käse oder verzehrt sie als Beilage zu einer Räucherwurst. Auch Nudeln und Rindfleisch war ein beliebtes Gericht. Die Nudeln brutzelten arme Leute in *Inslt* (Unschlitt, Talg), das war ein geringwertiges gelbliches Darmfett von Rindern, Ziegen und Schöpsen, das auch zur Herstellung von Kerzen und Seife und als Lederfett Anwendung fand.

Schälkließl
Oberlausitzer Schälklöße

Heimatkundliches

Zu beiden Seiten des Zittauer Gebirges, das in Böhmen Lausitzer Gebirge heißt, bereitet die Hausfrau gerne Schälklöße zu. Wohl fast jeder gebürtige Zittauer hat dieses Gericht schon mal genossen. In den Dörfern wenige Kilometer nördlich von Zittau kennen es nur noch Wenige. Für manchen Zittauer, Jonsdorfer, Waltersdorfer oder Reibersdorfer sind Schälklöße so etwas, was dem Schlesier das Himmelreich und dem Münchner die Schweinshaxe ist. In meiner Familie gibt es jeden Monat einmal *Schälkließl*. Bis zum 1. Weltkrieg galten sie als Sonntagsspeise. In manchen Südoberlausitzer Familien kommen sie auch als *Schälkoallchl* (Schälkäulchen), *Flecklnudln*, *Schneiderfleckl* (Bertsdorf) oder *Wickelkoallchl* (Neugersdorf) auf den Tisch. Die letztgenannte Bezeichnung ist aber nicht ganz exakt, weil man Wickelkeulchen oder Wickelklöße eigentlich aus Kartoffeln herstellt und als Beilage zum Braten verzehrt. Unter *Flecklnudln* versteht man selber gemachte Nudeln, die ziemlich breit sind. Der spottende Oberlausitzer nennt sie scherzhaft *Schneiderfleckl* (Schneiderflicken), egal, ob sie als Schälklöße, Butternudeln oder Krautnudeln auf den Tisch kommen. Der Name Schälklöße rührt vermutlich daher, dass sich der zusammengerollte Nudelteig durch den Garprozess im Kochtopf von alleine aufschält bzw. aufwickelt.

Rezept für Schälklöße

Zutaten für den Teig

500 g	Weizenmehl
5	Eier
2 TL	Salz
3 EL	Wasser
100 g	Butter
	geriebene Muskatnuss
	geriebene Semmel (Paniermehl) oder Grieß

Zutaten für die Brühe

700 g	Rindfleisch zum Kochen
1	Mark- oder Brühknochen vom Rind
	nach Bedarf Gemüse (Möhre, Sellerie, Blumenkohl)
1	Zwiebel
2 l	Wasser
	Petersilie
	Salz

Zubereitung

Aus Mehl, Eiern, Salz und Wasser wird durch Kneten ein Nudelteig bereitet. Er wird in vier Teile geteilt, die nacheinander in 10 bis 15 cm breite Streifen mit einer Länge von 30 bis 50 cm dünn ausgerollt und mit zerlassener Butter bestrichen werden. Nun reibt man die Muskatnuss über die Fladen und bestreut sie mit geriebener Semmel. Man wickelt den Nudelteig in Querrichtung zusammen und drückt ihn etwas an. Der Wickel bleibt etwa 30 Minuten liegen.

In der Zwischenzeit bereitet man die Brühe mit dem Rindfleisch, den Brühknochen, dem Salz, der Zwiebel und dem Gemüse zu. Wenn Möhre und Sellerie weich sind, werden sie herausgenommen und in kleine Würfel geschnitten. Nach etwa 2 Stunden Garzeit wird auch das Fleisch aus der Brühe gehoben und zerkleinert.

Von den vier Teigwürsten werden 1 bis 2 cm breite Nudelfleckel geschnitten, die man mit dem Fleisch und dem Gemüse in der kochenden Brühe ca. 20 Minuten ziehen lässt.

Variationen

Statt Rindfleisch und Brühknochen kann auch Hühnerbrühe verwendet werden. Die Zubereitung ohne Fleisch ist sehr zeitsparend. Verschiedene Köche schneiden die *Nudelfleckel* (Teigstücke) bedeutend breiter (3 bis 5 cm) und geben eine Garzeit von 45 Minuten an. Sie ist auch davon abhängig, ob die Familie die Schälklöße *strinklch* (fest) oder *poappch* (weich) verspeisen will. Bleiben sie längere Zeit stehen, quellen sie und wickeln sich teilweise auf. Bei einem Menü eignet sich eine *Schälkließlsuppe* auch als Vorspeise. Sie wird dann in kleiner Menge in Suppentassen serviert.

Stupper, Stupperche, Stupperchl
Stopperle – Kartoffelkloßscheiben aus dem Dreiländereck

Was dem Thüringer seine Grünen Klöße, sind dem Oberlausitzer seine *Stupperchl!* Nur, dass man bei den Thüringer Klößen rohe und bei den Stuppern gekochte Kartoffeln verwendet. Die Stupper sind als Stopperle auch in Nordböhmen sehr verbreitet. Mit den so genannte Stuppern verband man früher fingerstarke Röllchen aus einer Mischung von Kleie, Schrot und Wasser, womit man für die Mast Enten und Gänse qualvoll stopfte, also *stuppte*. Dieser Name hat sich nach und nach auf die Oberlausitzer Kartoffelklöße übertragen, wenn sie keine kugelige Form besaßen. Und Kartoffelklöße können stopfen!

Gerichte

- *Stupperchl, Spaajk und Zwibbln*
  Stopperle, Speck und Zwiebeln
- *Stupperchl, Mettwurscht und Zwibbln*
  Stopperle, Mettwurst und Zwiebeln
- *Stupperchl, Spaajk und Sauerkraut*
  Stopperle, Speck und Sauerkraut
- *Stupper, Ripperchl und Sauerkraut*
  Stopperle, Rippchen und Sauerkraut
- *Stupperchl, Bluttwurscht und Sauerkraut*
  Stopperle, Blutwurst und Sauerkraut
- *Stupperchl, Zucker und braune Butter*
  Stopperle, Zucker und brauner Butter
- *Stupperchl, Roochfleesch und Backpflaum*
  Rauchfleisch mit Stopperle und Backpflaumen (Schlesisches Himmelreich)

Rezept für Stupper

Zutaten

1,25 kg	Kartoffeln
100 g	Kartoffelstärkemehl
100 g	Weizenmehl
50 g	Grieß
200 g	Speck
4	Zwiebeln
2	Eier
	Salz, Pfeffer, Muskat

Zubereitung

Etwa die Hälfte des Stärkemehls wird zur späteren Verwendung beiseite gestellt. Die mit Schale gekochten Kartoffeln schält man warm. Am nächsten Tag werden sie gerieben oder gequetscht, mit den restlichen Zutaten, einschließlich von 50 g des Kartoffelstärkemehls, zu einem Brei geknetet und zu einer Rolle mit etwa fünf Zentimeter Durchmesser geformt, von der etwa zwei bis drei Zentimeter lange Stücke abgeschnitten werden. Diese wälzt man in Stärkemehl und kocht sie in etwa zwei Litern siedenden Salzwassers fünf Minuten auf kleiner Flamme. Anschließend lässt man die Stupper etwa 15 Minuten ziehen, bis sie oben schwimmen.

Zu den Stupperchn gibt es in der Oberlausitz traditionell in kleine Stücke geschnittenen Speck oder Schinkenspeck und Zwiebeln, die schön braun geröstet über die Stupper gegeben werden. Als Beilage wird gekochtes oder angemachtes rohes Sauerkraut gereicht.

Anstelle von Speck und Zwiebeln eignen sich auch Kasslerrippchen.

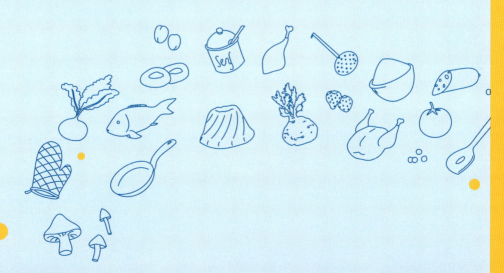

Fleisch und Wurst
Brotwurscht
Bratwurst

Seit Menschengedenken werden in der Oberlausitz Bratwürste produziert. Sie fallen, wie auch die Blut- und Leberwurst und das Wellfleisch, beim Schweineschlachten an. Brat- und Leberwürste galten schon im Mittelalter als Symbol des guten Essens. In der Zeit vor der Kartoffel aß man zur Bratwurst Hafergrütze, Hirsebrei, Graupen oder Krauttöpfe. Bis 1447 war in Bautzen das „Semperlaufen" am Fastnachtsdonnerstag üblich. Daran beteiligten sich weibliche Personen aus allen Ständen. In den Augen der Obrigkeit sangen sie schändliche Lieder, trieben unehrbare Possen und erhielten dafür auch noch Bratwürste, Fleisch, Brot und andere Gaben. Allerdings wissen wir sehr wenig, was die Menschen vor 550 Jahren unter Bratwurst verstanden. Bis zum Ersten Weltkriege hießen manche Oberlausitzer eine gebratene Räucherwurst *Brotwurscht*. Im Jahre 1506 fand am Aschermittwoch in Zittau auf dem Markte ein Bratwurstspiel statt. Eine Person im Herings- und eine andere im Bratwurstkostüm warfen sich allerlei Grobheiten an den Kopf. Der die Fastnachtszeit darstellende Bratwurstmann wurde am Ende der Aufführung in die Röhrbütte geworfen, denn mit dem Aschermittwoch begann auch in der Oberlausitz die fleischlose Fastenzeit, die Zeit des Stockfisch- und Salzheringessens.

Das Rezept der Bratwurst wird von den meisten Fleischereien als strenges Geheimnis gehütet und von Generation zu Generation weitergegeben. Ein Rezept aus Sachsen von 1834 lautet wörtlich so: „Man wiegt mageres Schweinfleisch recht fein, schneidet alsdann Speck in kleine Würfel, und mengt beides mit gestoßenem Pfeffer und Nelken, fein geschnittener Citronenschale und Salz wohl untereinander. Dieses wird nun in die Därme gefüllt, welche man vorher gereinigt und eine Stunde in abgekühltes Salbeiwasser gelegt hat, damit sie von allem üblen Geruch und Geschmack befreit werden; beim Füllen thut man ein wenig frisches Wasser unter das Fleisch." Vor dem Verzehr werden die Bratwürste im Tiegel gebraten oder in der heutigen Zeit auch auf dem Rost gegrillt. Bratwürste gibt es in roher und gebrühter Form, wobei die gebrühte Form verbreiteter ist. Zu DDR-Zeiten bot der Handel auch noch „Dresdner Bratwürste" an. Heute gibt es im Handel fast nur noch die markengeschützte „Thüringer Rostbratwurst", eine Brühwurst aus Schweinefleisch und Kalbfleisch. Die Schlesier nennen ihre Bratwürste „Weißwürste". Ein Mittelherwigsdorfer Fleischer kreiert original Zittauer Bratwürste nach einem überlieferten Rezept aus dem Jahre 1726. In der Oberlausitz wird in den meisten Familien am Heiligabend nach der Christvesper *Abernmauke, Brotwurscht* und Sauerkraut gereicht, wenn auch dieses traditionelle Gericht immer mehr durch das deutschlandweit beliebteste Heiligabendgericht „Bratwurst mit Kartoffelsalat" verdrängt wird. Eine Ausnahme machen die Dörfer um den Kottmar, in denen häufig „Weiße Würstel" mit Fleischbrühe aufgetischt werden.

Gerichte

- *Abernmauke, Brotwurscht und Sauerkraut*
  Bratwurst mit Kartoffelbrei und Sauerkraut
- *Saure Abern und Brotwurscht*
  Bratwurst und Kartoffelsalat

Zwee Wurschtfrasser
von Karin Renger

Zun Simmde woar´ch uff´m Moarchte bissl eikeefm. Ee-er, Harch, Honch und Gemiese. Fer menn Moan sullt´ch Loaatschn mitbrengn. Iech hutte o baale a Budl gefunn, wu´s siche Schloapm goab. Iech guckt mer sche zengsrim oaa und froit ´n Verkeefer, ebb se o anne Weile haaln tätn. Dar lachte oack und soite: „Woaas lange hält, brengt kee Geld!"
Dernoochert ging´ch zun Wurschtstande. Dar Karle woar a Spoaßvogl, a loaberte mit oalln. Uff seiner Schirze stoand mit fettn Buchstoabm: „Wenn se nischt assn, verhungern mir beede". Wie´ch doaas dichtsche Sprichl laut loas, feixt´r miech oaa und soite: „Ganz su schlimm is es noa ne". Nooch ann klenn Boaberch noahm´ch mei Wurschtpäckl und machte miech uff´m Heemwaajg.
Iech duchte, iech sah ne raajcht! Kumm´ch doa ba enn Häusl verbei, wu oan Goaartnzaume zwee Schilder hängn! „Herzlich Willkommen" und „Vorsicht, bissiger Hund!" „Doaas poasst ju zusoamm wie Oarsch und Hemde", ducht´ch noa, do koam o schunn anne Hundetehle oaagewetzt und kafferte, woaas ees oack kaffern kunnde. „Will dar miech nu willkumm heeßn oder beißn?", schuhß mer´sch durch´n Schadl. Do koam mer meine Wurscht an Sinn. „Oach su", soit´ch zun Hunde, „diech sähnert´s wull noa menner Wurscht? Die krigst de ne! Iech hoa o ann Wurschtfrasser derheeme, und dar bie iech!"

Ee-er:	Eier	ebb:	ob
Harch:	Hering	doaas dichtsche:	dieses
siche:	solche	Goaartnzaum:	Gartenzaun
Schloapm:	Schlappen, Pantoffeln	Hundetehle:	Hundetöle
zengsrim:	rundherum	kafferte:	bellte, kläffte
dernoochert:	danach, im Nachhinein		

Fleisch und Wurst

Gewiegtebrutl
Beefsteak, Frikadelle, Bulette

Bei dem Gewiegtem oder dem *Gebiegtebrutl* handelt es sich um eine Speise, die weltweit unter den unterschiedlichsten Namen verzehrt wird. Da das Gewiegte aber auch in der Oberlausitz sehr häufig auf den Mittags- oder Abendbrottisch kommt, auch Bestandteil des kalten und warmen Buffet ist, sollte es in diesem Heimatbuch nicht fehlen.

In den deutschen Landen gesellen sich zu den Bezeichnungen Beefsteak, Frikadelle und Bulette noch faschiertes Laibchen, Fleischbällchen, Fleischbrotel, Fleischklößchen, Fleischpflanzerl, Fleischkloß, Fleischküchle, Gehacktes, Gehacktesbällchen, Gewiegtes, Hackbällchen, Hackepeter, Hackfleisch, Hackkließla, Hackklotz, Hackplätzchen, Hamburger, Klops, Wiener Braten und im Riesengebirge Karbonadel. Das Gewiegte eignet sich hervorragend für ein schnelles Gericht. Man kann es gekocht, gebraten, überbacken, gegrillt und als Füllung, warm oder kalt verzehren. Auch in der territorial relativ kleinen Oberlausitz hat diese Speise viele Namen. Da spannt sich der Bogen vom *Gewiegtebrutl, Gewiegtesbrutl, Fleeschkließl, Fleeschkoallchl* bis zum *Fleeschbrutl* und *Wiegebrutl*. In der Regel wird zwischen dem „*Hackepeter*" und dem „*Gewiegten zum Braten*" unterschieden. „Hackepeter" ist in der Oberlausitz nichts anderes als durch den Fleischwolf gedrehtes Fleisch vom Schwein, das sowohl ungewürzt, als auch mit Salz, Pfeffer und evtl. auch mit Kümmel fertig gewürzt in den Fleischerein verkauft und meistens roh gegessen wird. Der Durchmesser der Löcher der Fleischwolfscheiben beträgt beim Hackepeter 5, beim Gewiegten 3 Millimeter.

Das Gewiegte ist somit feiner als der Hackepeter und geht ungewürzt über die Fleischertheke. Im Unterschied zum Hackepeter, der aus Schweinefleisch hergestellt wird, meint der Oberlausitzer mit „*Schoabefleesch*" (Schabefleisch) das durch den Wolf geleierte Rindfleisch. Es ist in der Mundart auch unter dem Namen „*Rutes Gewiegtes*" bekannt. Sowohl Hackepeter- als auch Schabefleischsemmeln werden gerne zu Hebefesten, Vatertagsausflügen, Polterabenden und als Imbiss auf Hochzeiten und auf Familienfesten gereicht. Formt man das gesalzene und gepfefferte Schabefleisch zu einem großen Kloß, drückt eine Vertiefung hinein und serviert es mit einem rohen Eigelb und mit Zwiebeln, kommt es als „Tartar" auf den Tisch. Traditionell ist man eine Schnitte dazu.

Die Gewiegtebrutel können aus gewiegtem Schweinefleisch oder aus Schabefleisch vom Rind zubereitet werden. Man kann auch beide Fleischsorten mischen.

Gerichte

- *Abernmauke, Gewiegtebrutl und Sauerkraut*
  Buletten mit Kartoffelbrei und Sauerkraut
- *Abernmauke, Gewiegtebrutl und griene Bunn*
  Buletten mit Kartoffelbrei und grünen Bohnen
- *Abernmauke, Gewiegtebrutl und Gurknsuloat*
  Buletten mit Kartoffelbrei und Gurkensalat
- *Abernmauke* (oder *Saalzabern*), *Gewiegtebrutl und Spinoat*
  Buletten mit Kartoffelbrei (oder Salzkartoffeln) und Spinat
- *Abernsuloate und Gewiegtebrutl*
  Buletten mit Kartoffelsalat
- *Saalzabern, Gewiegtes und Dilltunke*
  Buletten mit Salzkartoffeln und Dillsoße
- *Gewiegtebrutl und Samml*
  Bulette mit Semmel
- *Gewiegtebrutl und a gebruttn Ä (gebrotn Ei) uff anner Schniete*
  Bulette und Setzei auf Brot

Rezept für Gewiegtebrutl

Zutaten für 4 Personen

300 g	Gewiegtes vom Schwein
300 g	Schabefleisch
2	Zwiebeln, gehackt
evtl. 2 Zehen	Knoblauch, gehackt
1	Ei
1 TL	Salz
½ TL	Pfeffer
2 TL	mittelscharfer Senf
2 TL	Paprikapulver
5 EL	Semmelbrösel oder eine aufgeweichte Semmel
1 EL	Öl oder Butterschmalz

Zubereitung

Das Gewiegte, das Schabefleisch, die geriebene oder eine aufgeweichte altbackene Semmel, das Ei, die Zwiebeln und die Gewürze werden gut vermengt. Aus der Masse formt man handtellergroße Brotel, die man zum Panieren in geriebener Semmel oder Paniermehl gewälzt. Nun werden sie in Öl oder Butterschmalz bei mittlerer Hitze auf jeder Seite etwa 7 Minuten goldbraun angebraten. Nimmt man statt Semmelbrösel eine altbackene, mit Wasser aufgeweichte und wieder ausgedrückte Semmel, werden die Buletten lockerer.

Fleisch und Wurst

Koarnicklbrotn
Kaninchenbraten

Fast jeder *Häuslmoan* (Häusler) hatte hinter seinem Hause einen Kaninchenstall mit mehreren *Koarnickeln*. Sie waren die Hausschweine des kleinen Mannes, die die Abfälle aus der Küche verwerteten und altes Brot genauso wie Kartoffel-, Kohlrabi- oder Apfelschalen und Möhren vorgesetzt bekamen. Im Sommer fraßen sie Grünfutter und im Winter Heu, getrockneten Mais und Kleie. Die Kaninchen ersetzten zu Ostern das Lamm und zu Weihnachten die Gans. Auch die Kirmstgäste wurden mit Kaninchenbraten bewirtet.

Die deutschen Oberlausitzer nennen die Kaninchen, abweichend von Dorf zu Dorf, *Koarnickl, Koarnuckn, Nucker, Koarnucker, Nuckl, Nickl, Koarnucksche* oder *Nucksche* und die Sorben *Nukl*. Das männliche Kaninchen, der Rammler, wird als *Hacksch* bezeichnet und das weibliche im Oberland als *Siene*, in der Westlausitz als *Häsn* und in der Ostlausitz als *Koarnicklziege*. In Steinigtwolmsdorf nennt man das Männchen *Koarnuckerch* und das Weibchen *Koarnucke*. Die Kinder heißen das Kaninchen in der ganzen Oberlausitz liebevoll *Hoase-* oder *Hoasnmuckl*.

Kaninchenfleisch ist zart und weniger herb als das der Wildtiere. Es empfiehlt sich ein kräftiges Würzen oder vor dem Braten das Einlegen in eine Beize aus Essigwasser, Gewürzen oder Buttermilch. Aber auch die Innereien kamen auf den Tisch, zumindest die Leber. Das Gehirn wurde gebraten und mit Rührei verzehrt.

Na, dann guten Appetit, oder wie es in der Oberlausitz heißt:
„Mer wulln´ch oack noa woaas ginn, su lange wie mer´sch kinn."

Gerichte

- *Koarnickl und salbergemachte Nudln*
  Gerollter Kaninchenbraten mit selbstgemachten Nudeln
- *Koarnickl, Abernkließl und Rutkraut (Blookraut)*
  Gerollter Kaninchenbraten mit Kartoffelklößen und Rotkraut
- *Koarnickl, Saalzabern und Rutkraut (Blookraut)*
  Gerollter Kaninchenbraten mit Salzkartoffeln und Rotkraut

Rezept für Gerollten Kaninchenbraten

Zutaten für 4 – 6 Personen

1	Kaninchen
	Salz
	Pfeffer
2 Zehen	Knoblauch oder Knoblauchsalz
500 g	Schweinebauch
100 g	Butter
¼ l	Brühe
20 g	Mehl
250 ml	saure Sahne

Zubereitung

Von dem ausgenommenen und enthäuteten Kaninchen werden Kopf und Hals entfernt, die Vorderläufe und Keulen abgelöst, die Brust aufgeschnitten, abgespült, abgetrocknet und die Knochen vorsichtig ausgelöst. Man bestreut das Fleisch mit Salz, Pfeffer und Knoblauchsalz, legt ein länglich geschnittenes Stück Schweinebauch und das abgelöste Fleisch der Läufe darauf. Nun wird das Fleisch zusammengerollt und mit Rouladenadeln zugesteckt oder einem dünnen Band fest zugebunden. Diese Fleischrolle brät man in heißer Butter an. Wenn der Bratsatz dunkel wird, gibt man eine aus Knochen und Kopf bereitete Brühe oder eine Gemüsebrühe oder auch Wasser löffelweise dazu. Nach 1 bis 2 Stunden wird der Braten herausgenommen. Das Mehl bräunt man im Bratensatz. Dieser wird mit der Brühe und der sauren Sahne losgekocht. Der Kaninchenbraten wird in Scheiben geschnitten und zusammen mit den Keulen mit etwas Soße übergossen.

Variationen

Ältere Karnickel werden mindestens 12 Stunden in Buttermilch gelegt oder mit Essigwasser unter Zusatz von einem Fichtenzweiglein, Wacholderbeeren und einer Pfefferschote gebeizt oder auch mit Rotwein, etwas Öl, Wacholder und etwas Knoblauch in einem Steintopf mariniert.
Verwendet man ausschließlich Kaninchenkeulen kann man sich das Einrollen bei der Karnickelzubereitung ersparen. Anstelle von Schweinebauch sind auch Schweinekamm oder Räucherspeck geeignet. Als Rezeptzutaten verwenden Feinschmecker auch mittelscharfen Senf, Tomatenmark, Sellerie, Möhren, Zwiebeln, Lorbeerblätter, Nelken, Wacholderbeeren und Majoran. Vor dem Auftragen kann das Fleisch mit *Preuslbeerpoappe* (Preiselbeermus) bestrichen und kurz in der Backröhre glasiert werden.

Kuttlfleckl
Flecke, Kuttelflecksuppe, Kaldaunen, Innerein

Unsere Ururgroßeltern haben wohl kaum etwas Essbares weggeworfen. Wenn es ihre Haustiere nicht mochten, mussten sie es eben selber essen. Noch heute gibt es in meiner Familie, wenn ich nicht zu Hause bin, ab und zu *Seechniern* (Nieren). Dazu werden bei uns Schweinenierchen, in anderen Haushalten auch Rinder-, Kalbs-, Lamm- oder Zickelnieren, genommen. Sie können als saure Nieren, als Nierenbraten oder als Gulasch zubereitet werden. Als Beilage eignen sich *Mauke* (Kartoffelbrei), Bandnudeln oder Reis.

Herz, Magen und Leber des Geflügels bezeichnet der Oberlausitzer als *Kleencht* (Geflügelklein). Aber auch das fleischarme Rückenstück, der Hals und die Flügel gehören dazu. Nudelsuppe mit *Gänsekleencht* gibt es in manchen Familien am Heilig Abend zu Mittag. Die Brühe hat eine gelbliche Farbe.

Eine weitere Spezialität für Liebhaber ist *Plauze* (Lunge) vom Kalb. Diese Speise ist noch unter dem Namen „Lungenhaschee" oder „Herz und Lunge" bekannt und wird auch als *Koalbsgeschlinke* (Kalbsgelinge) bezeichnet. Es wird ebenfalls süß-sauer zubereitet und als Eintopf, oder in anderen Regionen zu Kartoffelbrei, Semmel- oder Kartoffelklößen, gegessen. Andere Oberlausitzer rechnen das *Koalbsgeschlinke* dem Gekröse zu, so auch Bihms Koarle in seinem Gedicht „'s Koalbsgeschlinke". Unter dem Begriff *Gekreese* (Gekröse) versteht der Koch die essbaren Eingeweide und Mägen vom Kalb, Rind, Schaf oder der Ziege, der Biologe aber eine Bauchfellfalte, die ein inneres Organ an der Leibeswand aufhängt. Gekröse wird vor allem zur Herstellung von Wurst und zur Zubereitung der *Kuttlflecksuppe* verwendet.

Auf einem Rittergut in Neukirch bekam jeder Knecht und jede Magd *„auf die 3 Feiertage 1,5 Pfd. Fleisch, auch soviel Flecke oder Geschlinke und tagtäglich ¾ Mäßchen Hirse und 4 Kannen Milch dazu"*.

Kuttlflecke wird in der Oberlausitz unter den unterschiedlichsten Namen serviert. Da spannt sich der Bogen von der süßsauren Flecke über Kuttel, Kaldaunen bis zu den Westlausitzer *Schoawanzn, Schoarwanzn* oder *Schoa(r)waanzn* hin. Die Vogtländer nehmen die saure Flecke unter dem Namen „*Gschlingspalken*" gleich als eines ihrer Nationalgericht in Beschlag.

Gerichte

- *Kuttlflecksuppe*
  Kuttelfleckensuppe
- *Abernstickl und Kuttlflecke*
  Kuttelfleckeneintopf

Rezept für Kuttelflecke

Zutaten für 4 Personen

1 kg	Flecke
3 l	Wasser
5 EL	Salz
1 Bd.	Wurzelwerk
1 Bd.	Kräuter
50 g	Margarine
50 g	Mehl
10 Sp.	Essig
5 EL	Zucker
2 TL	Pfeffer
100 g	Gewürzgurken, klein gewürfelt
1 kg	geschälte und klein gewürfelte rohe Kartoffeln

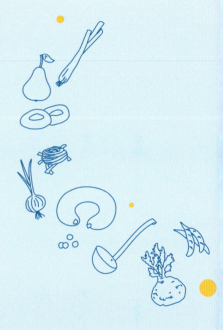

Zubereitung

Die sehr gründlich, erst heiß, dann kalt gewaschenen Flecke werden mit kochendem Wasser übergossen und etwa 10 Minuten gekocht. Man gießt das Wasser ab. Mit frischem Wasser, Salz, Wurzelwerk und vielen Kräutern werden die Kutteln etwa 2 Stunden fast weich gekocht. Man schneidet die Kartoffeln in kleine Stücke und gibt sie kurz vor Ende der Garzeit mit zu den Flecken.

Die Brühe wird abgegossen, aber aufgehoben, und das Fleisch in Streifen geschnitten. Die Brühe schmeckt man mit viel Essig, Zucker und Pfeffer ab. Jetzt lässt man in einer großen Pfanne Margarine zerlaufen und stellt mit Mehl eine Schwitze her. Ein bis zwei Liter der vorbereitete Brühe werden unter Umrühren zu den Kutteln geschüttet. Nun gibt man die Flecken mit den Kartoffelstücken und den geschnittenen Gurken dazu. Die Suppe wird aufgekocht, süß-sauer abgeschmeckt und serviert.

In der benachbarten Tschechischen Republik wird saure Kuttelflecksuppe noch heute gerne gegessen.

Kuttlfleckl
von Siegfried Michler

„Iech wellt amol Flecke assn
Frooe, tu´s oack ni vergassn",
koach mer amol sicke Kuttl",
soite Paul, „su wie mei Muttl."
„Gih mer weg mit su ann Froaße!
Doaas is nischt fer meine Noase,
doaas Geschlinke do, doaas diche
koach´ch dr ni a menner Kiche!
Iech bie ganz gewieß ni faul,
aber Flecke? Nee, mei Paul!"
Paul, dar ducht: „Is wär zun Lachn,
tätst si dir ne salber machn.
Gihst zun Fleescher a dr Ecke
und verlangst a Hickl Flecke.
Und a Muttersch schwoarzn Tuppe
koachst dr anne Flecklsuppe!"
Paul, dar toate feste koachn;
wie´r´sch zwee Stunn hoat geroachn,
ruhjch´s´n salber ni mih gutt,
und a hoat oalls weggeschutt.

Wie mei Paul senn Sechzchstn feiert,
brucht´s´n Kellner oaageleiert
mit ann imbändch grußn Tuppe
vuhler Kuttlflecklsuppe.
„Is doaas anne Freede heute",
lachte Paul, „iech dank euch, Leute!
Langt oack zu und lusst´s euch schmeckn:
Kaviar und Weinbergschneckn!
Vu dar Flecklsuppe do
krigt´r aber nischt dervoo!"

Kuttlfleckl:	essbare Innereien (zumeist des Rindes)	*doaas diche:*	dieses
		Hickl:	kleine Hucke, etwas Eingepacktes
sicke:	solche		
Geschlinke:	Eingeweide von Schlachttieren; meist Herz, Lunge u. Leber	*ruhjch´s´n:*	roch es ihm
		senn Sechzchstn:	seinen 60. Geburtstag
		dervoo:	davon

Laberwirschtl vun Schweineschlachtn
Leberwürste

Zu Schlachtfesten bei den Bauern oder in den Gaststätten kann man sich an der Wurstsuppe oder der Schlachtschüssel gütlich tun. Sie besteht in der Oberlausitz aus frischen Leberwürsten, Blutwürsten, Wellfleisch, Wurstbrühe und Sauerkraut. Im 19. Jahrhundert hielten sich sogar einige Häusler ein Schwein, das im Spätherbst oder im Winter geschlachtet wurde. Damit konnte man sich die teure Fütterung in der kalten Jahreszeit sparen. Die Wurstbrühe entsteht beim Schweineschlachten im Kessel, in dem die Leber-, Blut- und Bratwürste zusammen mit dem Wellfleesch gekocht werden. Zum Wellfleisch (Kesselfleisch) zählen gekochtes Bauch- und Kopffleisch und Innerein vom Schwein, die nicht für die Wurstherstellung verwendet werden. Es wird traditionell unmittelbar nach der Schlachtung in einem Kessel zubereitet. Mit dem abgeschöpften Fett, das auch geplatzte Wurstfülle enthält, wurden früher die beliebten *Wurschtfettschnietn* (Wurstfettschnitten) geschmiert, die man zum Zweiten Frühstück genoss. Gute Nachbarn, Freunde und Verwandte lud man zum Hausschlachtfest ein oder sie erhielten zumindest eine Schlachtschüssel als *Kustebissl* (Kostprobe).

Als das Hausschlachten noch Gang und Gebe war, gingen die Kinder im Norden und Westen der Oberlausitz *Wurschtwinsln*, *Wurschtgrunzn* oder *Wurschtsingn*. Sie versammelten sich mit einer Schüssel vor dem Haus, in dem ein Schwein geschlachtet worden war und bettelten im Sprechgesang: „*Winsl, winsl Worscht, mich hungert ond mich dorscht, ich hoab gehiert, ihr hoat geschlacht ond mir a Worschtl mitgemacht*" (Oberlichtenau). Die Schlachtschüssel wurde früher am Schlachttage zubereitet, da das Blut und die wärmeempfindlichen Innereien, wie Leber, sofort verarbeitet werden mussten. Bei Wildschweinen bekam der Jäger eine kostenlose Mahlzeit, die man *Jaajgerraajcht* (Jägerecht) nannte. Andere Fleischstücke machte man durch Pökeln, Lufttrocknung oder Räuchern haltbar. Zur Konservierung des Fleisches diente auch der sogenannte *Fleeschtoop* (Fleischtopf). Das rohe Fleisch wurde in einen Steintopf geschichtet und mit warm gemachtem Fett luftdicht vergossen.

Als Beilage zur Schlachtschüssel wird in der Oberlausitz Sauerkraut und *Mauke* (Kartoffelbrei) serviert, die man statt mit Milch gleich mit der Wursttunke zubereitet.(siehe *Teichlmauke*) Aber auch Kartoffeln oder

Brot sind als Beilage geeignet. Dazu wird Senf oder Meerrettich gereicht.

Bei aller Wursttradition in der Oberlausitz, angefangen bei der Blutwurst und Grützwurst bis hin zu der Brat-, Mett-, Räucher-, Jagd- und Knackwurst, werden die *Laberwirschtl* (Leberwürste) am meisten genannt und besungen. Wer kennt nicht die Redensart von der beleidigten Leberwurst? In der Oberlausitz heißt es auch: *„Die leeft rim wie anne eigesackte Laberwurscht!"* Die armen Leute freuten sich auf die besseren Lebensverhältnisse im Himmel und sangen: *„Frassn warrn mer wie de Firschtn, Sauerkraut mit Laberwirschtn"*, oder *„Laberwirschte, Zwibblfische hoann mer egoal uff'm Tische"*. Als im 19. Jahrhundert noch junge Männer Fastnachtsumzüge durchführten, hieß eine Strophe im Großschönauer Bettelvers: *„Tirksche (Türkische) Riebm un Laberwurscht, Sackerment, hoa iech ann Durscht."*

Im Oberlausitzer Heideland sind auch die Semmelwürste sehr beliebt. Die Wurstfülle wird aus zwei Teilen aufgeweichter altbackener Semmel, aus einem Teil Leberwurst und aus einem Teil Schweinebauch zubereitet. Für den Oberländer ist *Sammlwurscht* eine Wurst, die entsteht, wenn der Fleischer bester Kunde beim Bäcker ist. Er sagt dann scherzhaft: *„Iech ass anne Samml zun Brute"*. In vielen Familien werden Semmelwürste scherzhaft *Sammlsäckl* genannt.

Leberwurst kann sowohl warm als auch kalt als Brotaufstrich, geräuchert und ungeräuchert, gegessen werden. Bei ihr handelt es sich, im Vergleich zu Mettwurst und Teewurst, um eine sogenannte Kochwurst. Leber- und Blutwurst gehören, ob warm oder ob kalt, auf jedes traditionelle Oberlausitzer Buffet. Leberwurst mit viel Fett und Grieben, die als Brotbelag bestimmt ist, wird zur Unterscheidung von *Schwoarzwurscht* (Blutwurst) in der Oberlausitz auch Weißwurscht genannt. Sie hat weder mit der „Münchner Weißwurst" noch mit den „Weißen Würsteln" etwas zu tun.

Gerichte

Warme Leberwurst:
- *Abernmauke, gebrutte Laberwurscht und Sauerkraut*
  Gebratene Laberwurst mit Kartoffelbrei und Sauerkraut
- *Schlachteschissl mit Abernmauke, Laberwirschtln, Bluttwirschtln, Sauerkraut und vill Wurschttunke*
  Schlachtschüssel mit Kartoffelbrei, Sauerkraut und Wurstbrühe
- *Abernstickl, Fatzlkraut(Flecklkraut) und Laberwurscht*
  Kartoffelsuppe mit geschnittenem Weißkraut und Leberwurstfülle

Kalte Leberwurst:
- *Ganze Abern, Laberwurscht, Butter und Saalz*
  Leberwurst mit Pellkartoffeln, Butter und Salz
- *Anne Laberwurschtschniete und anne saure Gurke*
  Leberwurstbrot mit saurer Gurke

Rezept für Leberwurst

Zutaten

0,5 kg	Schweineleber
1,5 kg	Bauchfleisch vom Schwein, etwas Herz und Lunge
150 ml	Wellfleischbrühe aus dem Kessel
2 EL	Salz
1-2 Pck	Pfeffer
1 Pck	Majoran
5	gemörserte Pimentkörner

Zubereitung

Die Leber wird gesäubert, geschabt, zerkleinert und zehn Minuten gebrüht. Herz, Lunge und Bauchspeck werden im Salzwasser weich gekocht. Man dreht die Leber, das Bauchfleisch, das Herz und die Lunge durch den Fleischwolf. Nun werden die Gewürze darunter gemengt und die Wurstfülle mit etwas Wellfleischbrühe aus dem Kessel angefeuchtet. Die Masse wird locker in die Schweinedärme gefüllt und mit Fäden abgebunden. Die Leberwürste lässt man 40 Minuten lang bei 90 °C in der Wellfleischbrühe ziehen.

Man kann die Leberwurst mit Butterschmalz und Zwiebelringen anbraten und sie mit Kartoffelbrei und Sauerkraut servieren. Im Tiegel zubereitete entpellte Leber-, Blut- oder Grützwurst wird auch als *Fillsl* (Füllsel) bezeichnet.

Humorvolles aus der Oberlausitz

„Moan, gih amol ann Kaller runder und hul anne Schissvll Abern!", soite meine Frooe zu mir, „du bist ne mih dr Jingste, schreib der'sch uf, dermit de's ne vergisst!" Iech noahm anne Schissl aus'n Kichnschranke und schub lus. Und woaas hoa iech Hurnuchse a menner Dees'chkeet ruffgehult? Anne Schissvll Äppl! „Iech brauch keene Äppl" bläkte miech de Frooe oaa, iech hoa der'sch gesoit, du sullst der ufschreibm, doaaß'ch Sauerkraut hoann will!"

Schissvll:	Schüssel voll
Dees'chkeet:	nervöser Übereifer, unnötige Hast

Hellch-Obd-Assn
von Margitta Kohlsche

Mundart des Zittauer Gebirges und Vorlandes

Zun Hellchn Obde goab´s a Hurnz,
wu´ch a klee Madl woar,
vill Mauke, billche Laberwurscht
und Sauerkraut, nu kloar.
„Ba uns a Kootsch," su soat mei Moan,
„und su sull´s wetter gihn,
goab´s Saure Abern, woarme Wurscht,
und do druf tu´ch bestihn."
Su mecht a jeds sei Assn hoann
a Ihrn is Aale haaln,
wie´s friher mo derheeme woar,
sunst tät´n ju woaas fahln.
Mir hoann´ch minander eigericht,
ba uns do is doaas su:
Zu Mittche gibbt´s´n Abernpoapps
mit Laberwurscht derzu.
Zun Obde foahr mer Wirschtl ei,
mer machn´s jedn raajcht!
Und wenn mer´ch derno wiegn gihn,
do wird uns beedn schlaajcht.

Hellch-Obd-Assn:	Heilig-Abend-Essen
Hurnz:	Hörnitz
Kootsch:	Koitzsch (Ort bei Königsbrück)
Ihrn:	Ehren
raajcht:	recht
schlaajcht:	schlecht

Tieglwurscht
Tiegelwurst, Füllsel, Tote Oma

Dieses Gericht ist in der südlichen und östlichen Oberlausitz, wie auch im benachbarten Niederschlesien und Nordböhmen weniger bekannt als in der Westlausitz um Kamenz, Königsbrück, Bischofswerda und Pulsnitz. Ältere Leute gebrauchen je nach Ortsmundart die Lautformen *Tieglworscht, Tiechlwurscht* oder *Tiechlworscht*. Es handelt sich hierbei um eine typisch sächsische Speise, die unter diesem Namen auch viele Niederlausitzer und Südbrandenburger anrichten und die beim Hausschlachten anfällt. In Großröhrsdorf wird sie auch *Bluttieglworscht* genannt.

Unter *Tiegelwurst* versteht man ein Gericht, das aus dem Blut frisch geschlachteter Tiere, Speck, Zwiebeln, Gewürzen, Milch, zuweilen auch Mehl und Semmelwürfeln zubereitet und im Tiegel oder in der Pfanne gebraten wird. In der Niederlausitz wird der Wurstmasse noch Buchweizen- und Hafergrütze darunter gemengt, so dass eine Tiegelgrützewurst entsteht. Das Tierblut ist vom Schwein, seltener vom Hammel. Feinschmecker stehen aber auf *Gänsebluttwurscht*.

Der schwarze Volkshumor hat für die *Tiegl-* und *Bluttwurst* auch Bezeichnungen wie „Tote Oma" oder „Verkehrsunfall" geschaffen. Im Raum Zittau werden die Blutwürste auch *Schwoarzwirschte* (Schwarzwürste) und im Kurort Jonsdorf auch noch *Schweeßwirschte* (Schweißwürste) genannt.

Statt frischem Blut von Schlachttieren eignet sich auch ungewürzte Blutwurst ohne Griefen. Verkauft der Fleischer aber nur normale, schon gewürzte Blutwurst, dann muss man mit dem Würzen vorsichtig sein. Presst man die fertige Blutwurstfüllung aus dem *Lader* (Wurstleder, Wurstpelle) heraus, wird das Gericht auch *Fillsl* (Füllsel) bezeichnet, so in Schleife bei Weißwasser. Aber auch Leberwurst, die man im Tiegel anbrät, wird unter diesem Namen aufgetischt.

Rezept für Tiegelwurst

Zutaten für 3 Portionen

300 g	ungewürzte Blutwurst
100 ml	Fleischbrühe oder Wasser
1 EL	Majoran
1 TL	Thymian
2	mittlere Zwiebeln
1	Zehe Knoblauch
	Salz
	Zucker
	schwarzer Pfeffer, gemahlen
	(1 doppelter Kognak oder Weinbrand)

Zubereitung

Die Zwiebel und der Knoblauch werden fein geschnitten. Man gibt in einen heißen Tiegel einen Esslöffel Zucker und röstet darin die Zwiebel an. Die Wurst wird in grobe Würfel geschnitten und dazu gegeben. Den Pfeffer rührt man zusammen mit dem Majoran und dem Thymian unter die Masse. Alles wird etwa 10 bis 15 min, unter ständigem Rühren bei mittlerer Hitze, gebraten und mit Salz abgeschmeckt. Je nach gewünschter Konsistenz gibt man Fleischbrühe oder Wasser dazu. Vor dem Servieren kann man noch einen Kognak unterrühren.

Variationen

Je nach persönlichem Geschmack kann auf Knoblauch, Thymian und Zucker verzichtet werden. Weitere Zutaten sind Mehl, Semmelstückchen, Speck, Porree, Piment, Muskat, Zimt, gestoßene Nelken, Kümmelpulver und gemahlener Ingwer.

Unsere Großmutter schneidet die Blutwurst in fingerdicke *Radl* (Scheiben), entfernt das *Wurschtlader* (Pelle), wälzt die Wurst in Mehl und brät sie mit Öl knusprig. Das Mehl verhindert das Auseinanderfallen der Scheiben. Die Speise schmeckt sehr gut und ist in wenigen Minuten fertig.

Die Tiegelwurst oder die gebratene Blutwurst werden in der Oberlausitz zu *Mauke* (Kartoffelbrei) oder *Stupperchl* (Stopperle) verspeist und mit Sauerkraut ergänzt.

Weiße Wirschtl und Brihe
Weiße Würstel und Brühe

Die kulinarischen Genüsse unserer Vorfahren waren nicht unbedingt von fetten Gelagen und Schlemmermahlen geprägt. Fleisch und Wurst wurden an Feiertagen, wie zu Ostern, zu Pfingsten, zur Kirmes und zu Weihnachten, oder an Festtagen, wie auf Hochzeiten, gereicht. Mit zunehmender Industrialisierung haben sich die Festspeisen gewandelt. Auch die Fleischer waren an dieser Entwicklung beteiligt. In ganz früher Zeit wurden bei Hausschlachtungen nur wenige Wurstsorten in Handarbeit hergestellt. Die dabei produzierten Bratwürste ähnelten mehr dem heute bekannten Hackepeter als einer feinen Bratwurst.

Mit der einsetzenden Mechanisierung konnten die Fleischer nun auch feinere Wurstmassen herstellen. Es ist anzunehmen, dass damit der Grundstein für unsere *Weißn Wirschtl* gelegt wurde. Sicher ist, dass die Weißen Würstchen nicht aus anderen Regionen eingewandert sind. Vielmehr handelt es sich bei ihnen um eine Spezialität der südwestlich zwischen Zittau und Löbau, bis zur böhmischen Grenze, gelegenen Dörfer. Viele ältere Fleischermeister haben die

Tradition der Weißen-Würstel-Produktion an die jüngere Generation weitergegeben, verbunden mit den Rezepturen, die man in den Betrieben verwendet hat. Die Weißen Würstchen werden aus Schweine- und Kalbfleisch hergestellt und mit Speisesalz und wenigen edlen Gewürzen gewürzt. Im Anschluss daran füllt man sie in Naturdarm ab und bringt sie gebrüht in den Verkauf. Vereinzelt werden sie auch ungebrüht verkauft und erst bei der Zubereitung zu Hause in der heißen Tunke gebrüht.

Mein 80-jähriger Vater erzählte noch voller Leidenschaft von der Würstelproduktion bei seinem Lehrmeister, schließlich gab es diese nur zu Weihnachten, zu Ostern und natürlich zum *Gierschdufer Schissn* (Neugersdorfer Schießen – Jakobimarkt). Für diese Stoßproduktion gerieten die Handwerksbetriebe an die Grenzen ihrer Leistungsfähigkeit, zumal die Würstchen mit der Rindsbrühe auch meist noch selber verkauft wurden. Ältere Einwohner reden deshalb immer noch von *Schisswirschtln* (Würstchen vom Schießen). Gute Traditionen überleben auch schwere Zeiten. In der DDR haben die regionalen Fleischereien nur noch zu Weihnachten *Weiße Würstel* hergestellt. Die dafür notwendigen Naturdärme und Gewürze wurden mühselig über längere Zeit angesammelt und reichten trotzdem nicht aus. Als Notbehelf konnten Kunstdärme verwendet werden, die allerdings auch nicht unbegrenzt vorhanden waren. Die dadurch vorprogrammierte Verknappung führte zu langen Schlangen vor den Fleischereien an den Festtagen, es kam auch vor, dass die letzten Kunden leer ausgingen.

Seit der Wende werden die Weißen Würstchen das ganze Jahr über produziert und manchmal sogar im Sommer auf den Grill gelegt, auch wenn das nicht der Tradition entspricht.

Nach Gepflogenheit werden die *Weißn Wirschtl* in einer Rinderbrühe erwärmt und auf einen Suppenteller gelegt, der mit der Brühe aufgefüllt wird. Dazu isst man eine Semmel, die meist in die Brühe gebrockt wird. Als Besteck genügt ein großer Löffel, der sowohl zum Zerteilen der Würstchen als auch zum Löffeln der Brühe benutzt werden kann. Statt Semmel eignet sich als Beilage auch das Oberlausitzer Nationalgericht, die Teichmauke.

Übrigens ist die oft verwendete Bezeichnung „weiße Wiener" grundfalsch. „Wiener Würstel" und „Weiße Würstel" sind zwei ganz unterschiedliche Produktbezeichnungen, die nicht einfach vermischt werden können.

Einen guten Appetit wünscht Ihr Fleischermeister

Wolfgang Frey aus Seifhennersdorf

„Derniedergesoatzt und zugelangt! War ne dosoaß, dar ne mitoaß."

Rindfleesch und Meerrettch-Tunke
Gekochtes Rindfleisch mit Meerrettichsoße

Wie schon erwähnt, darf das Gericht darf auf keinem traditionellen Hochzeitsmenü in beiden Lausitzen fehlen, sowohl bei den Sorben als auch bei den Deutschen. Es wurde nach dem Fisch oder der Suppe als 2. oder 3. Gang serviert. Wie in manchen anderen deutschen Landen auch, war es wohl das am häufigsten aufgetischte Fleischgericht in der Oberlausitz im 18. und 19. Jahrhundert.

Spricht die Oberlausitzer Hausfrau von Rind-, Schweine- oder Hammelfleisch, das sie zu Mittag kochen will, dann meint sie damit ein gekochtes Fleischgericht. Das Gegenstück dazu ist der Braten, z.B.: *Rinderbrotn, Schweinebrotn, Schepsnbrotn* (Schöpsbraten). Aus alten Aufzeichnungen wird ersichtlich, dass bei einer Dorfhochzeit die armen Leute fast ausschließlich gekochtes Fleisch auffuhren. Mit zunehmendem Wohlstand nahm die Zahl der Gänge an gebratenem Fleisch zu. Braten galt als etwas Besseres als Kochfleisch.

Neben Hühnerbrühe wird gekochtes Rindfleisch und seine Brühe in der Oberlausitz gerne bei der Zubereitung von *Teichlmauke* oder *Schälkließl* verwendet. Aber die größte Bedeutung hatte es in der heimischen Küche als *Rindfleesch* und *Meerrettchtunke*. In vielen Gaststätten im deutsprachigen Raume erscheint es auf der Speisekarte als Tafelspitz. Die Oberländer essen weniger zum Rindfleisch, sondern häufiger zu Schälrippchen vom Schwein Meerrettichsoße.

Meerrettich bauten die Häusler im eigenen Garten an und lagerten es, wie auch die Möhren, den Rettich und die Rüben, winterfest in sogenannten Feimen. Bei einer Feime, mundartlich auch *Feie*, handelt es sich um eine Miete auf dem Acker zum Überwintern von Feldgemüse und Hackfrüchten, die in einer langen, flachen Grube angehäuft und zum Schutz gegen Frost mit Stroh und Erde abgedeckt sind. Kleinere Mengen kann man auch in einer großen Sandkiste im Keller einbetten. In der Mundart des Zittauer Gebirges, die einige böhmische Merkmale aufweist, nannte man den Meerrettich noch vor 50 Jahren *Krien*, abgeleitet vom oberdeutschen „Kren".

Gerichte mit gekochtem Rindfleisch

- *Saalzabern, Rindfleesch und Meerrettchtunke*
  Gekochtes Rindfleisch mit Meerrettichsoße und Salzkartoffeln
- *Saalzabern, Rindfleesch und Rusinkntunke*
  Gekochtes Rindfleisch mit Rosinensoße und Salzkartoffeln
- *Saalzabern, Rindfleesch und Dilltunke*
  Gekochtes Rindfleisch mit Dillsoße und Salzkartoffeln
- *Saalzabern, Rindfleesch und Senftunke*
  Gekochtes Rindfleisch mit Senfsoße und Salzkartoffeln

Rezept für Rindfleisch mit Meerrettichsoße

Zutaten für 4 Personen

1 kg	Rinderbrust
1	Zwiebel
2	Lorbeerblätter
40 g	Mehl
50 g	Margarine
80 g	geriebener Meerrettich
30 g	Butter
	Liebstöckel oder Petersilie
	Salz
	Pfeffer

Zubereitung

Die vorbereitete Rinderbrust setzt man in 1 Liter siedendem Wasser an, gibt Salz, Pfeffer, die Zwiebel und 2 Lorbeerblätter hinzu und lässt alles leicht köcheln. Nachdem das Fleisch nach reichlich 2 Stunden weich ist, nimmt man es heraus, deckt es ab und hält es warm. Mit Butter und Mehl wird in der Pfanne eine helle Schwitze bereitet, die mit der durchgeseihten Brühe und dem Meerrettich aufgefüllt wird, so dass eine sämige Soße entsteht. Man schmeckt nochmals mit Salz und Pfeffer ab. Das Rindfleisch wird in Scheiben geschnitten, auf den Teller gelegt, mit Meerrettichtunke übergossen und mit gehacktem Liebstöckel oder Petersilie bestreut.

Gekochtes Rindfleisch mit Meerrettichsoße wird mit Salzkartoffeln und grünen Bohnen oder Roten Rüben serviert. Auch Kartoffelklöße oder Brot eignen sich als Beilage.

Sammlkließl, Schweinebroten und Sauerkraut
Schweinebraten mit Semmelklößen und Sauerkraut

Eigentlich gibt es zwischen Klößen und Knödel keinen Unterschied, ganz egal ob sie rund oder scheibenförmig sind. In Altbayern, Böhmen, Österreich und Südtirol heißen sie „Knödel", von Franken über Mitteldeutschland bis in den hohen Norden „Klöße". In der Oberlausitz, wie auch in Sachsen und im ehemaligen deutschsprachigen Schlesien, verwendet man das Wort „Klöße", mundartlich *Kließe* oder *Kließl*. Da in der oberdeutschen Knödelregion die Scheibenform dominiert, gebrauchen neuerdings auch viele Oberlausitzer für diese flache Variante die Bezeichnung „Knödel" oder spottend *Loatschn*. Unter „Klößen" wird dann die Rundform verstanden. Sprachen die alten Oberlausitzer von *Kließln*, meinten sie immer die Kartoffelklöße. Bei den anderen Klößen setzte man ganz einfach die Hauptzutat davor, z.B.: *Sammlkließl*, *Häfekließl*, *Grießkließl*, *Laberkließl*, oder bezeichnete sie als *Koallchl* oder *Koallchn* (Käulchen).

Von den vielen Kloßsorten, die es in Böhmen gibt, sind die „Semmelknödel" die bekanntesten. Sie wurden früher mit Hefe, heute aber auch mit Backpulver zubereitet. Die länglichen Kloßlaibe werden mit Zwirn in Scheiben geschnitten. Zwischen den Kochkünsten der Tschechen und denen der Deutschböhmen gab es kaum Unterschiede. Der „Schweinebraten mit Knödeln und Kraut" gilt heute als das tschechische Nationalgericht. Aber auch zum „Lendenbraten mit Schlagsahne und Preiselbeeren", zum „Böhmischer Gulasch" und zum *„Geselchten"* (Rauchfleisch) werden in unserem Nachbarland meist Knödel gereicht.

Fleisch und Wurst

Rezept für Semmelklöße

Zutaten
2   Semmeln
50 g   Butter
250 ml   Mineralwasser (Sprudelwasser)
3   Eier
500 g   Mehl
1 EL   Salz

Zubereitung von runden Semmelklößen
Die Semmeln zerschneidet man in Würfel und brät sie in zerlassener Butter knusprig. Das Mehl, das Mineralwasser mit Sprudel, die Eier und das Salz werden zu einer Masse verknetet. Aus diesem Teig formt man um einige Semmelwürfel herum die Klöße. Der Teig kann aber auch mit den geschnittenen Semmeln gleichmäßig vermengt werden. Die Klöße werden im siedenden Salzwasser etwa 30 Minuten gekocht, bis sie oben schwimmen. Dann lässt man sie noch 5 bis 10 Minuten ziehen.

Rezept für Schweinebraten

Zutaten für 4 Personen
1 kg   Schweinebraten
1 Bd.   Wurzelwerk
2 EL   Senf
1 EL   Öl
250 ml   Wasser
           Salz, Pfeffer

Zubereitung
Das Fleisch wird mit Senf eingerieben und mit Salz und Pfeffer gewürzt. Man brät es in einem Bratentopf von allen Seiten scharf an und löscht mit dem Wasser ab. Der Backofen wird auf 180 Grad (Umluft) oder der Elektroherd auf 200 Grad vorheizt. Das Wurzelwerk schneidet man klein und lässt es zusammen mit dem angebratenen Fleisch 1,5 Stunden im Ofen schmoren. Ab und zu wird es mit dem Bratenfond übergossen. Zum Schluss dickt man den Fond mit Soßenbinder an. Der Braten wird zu Semmelklößen und Sauerkraut serviert.

Als Beilagen zum Schweinebraten eignen sich aber auch Kartoffelklöße, Stopper (*Stupperchl*) und Kartoffeln mit Rotkraut oder Nudeln.

Zicklbrotn
Zickleinbraten

„Anne schimmlchte Ziege, anne braunscheckchte Kuh, die schenkt mer mei Voater, wenn'ch heiroatn tu", lautet ein alter Oberlausitzer Volksvers. Bei den armen Leinewebern der Oberlausitz blieb es meistens nur bei der weißen Ziege.

In der Mundart meines Heimatdorfes Obercunnersdorf heißt die weibliche Ziege *Hippe* und das Ziegenlämmchen *Hippl*, *Ziegehippl* oder *Mähhippl*. Die Mainfranken, Alemannen, Schwaben und Bayern verwenden dafür mundartliche Formen von Geiß oder Geißlein, wie *Goaß*, *Goiß* oder *Gaaß*. Luther hat sich bei der Bibelübersetzung für „Ziege" entschieden und somit diesen Namen zum hochdeutschen Wort erhoben und *Geiß*, *Hippe*, *Heppe*, *Zippe*, *Hattel*, *Hette*, *Binne*, *Kosse* oder *Zicke* als regionale Bezeichnungen zum Dahinsiechen verdonnert.

Der Name *Hippe* für Ziege in den Dörfern um den Kottmar, wie auch das zerebrale „r" und das Kennwort *oack* (nur, doch, bloß) sind Beweiße dafür, dass nicht nur Siedler aus Mainfranken, sondern auch aus Hessen, dem Siegerland oder dem kurkölnischen Sauerland an der Besiedlung beteiligt waren. Aber *Hippe* für Ziege ist nicht in der gesamten Oberlausitz bekannt. Da gibt es noch andere Bezeichnungen wie *Micke*, *Mickl*, *Mäppe* oder *Hippermickl* (Wittgendorf, Dittelsdorf, Girbigsdorf). *Ziegemilchmauke* (Kartoffelbrei mit Ziegenmilch) wird kindlich scherzhaft in einigen Orten *Micklmilchmauke* oder gar *Hipppermicklmilchmauke* genannt. Die männliche Ziege heißt im Oberland *Book* oder *Ziegebook* und das männliche Ziegenjunge *Beckl* oder *Ziegebeckl* (Ziegenböcklein). „Wenn Kirmst wird senn, wenn Kirmst wird senn, do schlacht mei Voater ann Book, do tanzt de Mutter, do huppt dr Voater, do woacklt dr Mutter dr Rook".

Die „Hausziege" und das Schaf sind nach dem Hund vermutlich die ersten wirtschaftlich genutzten Haustiere der Menschen. Die Ziege bezeichnete man als die „Kuh des kleinen Mannes". Sie galt in Deutschland als Tier der Notzeiten, denn in Kriegen und Nachkriegszeiten nahm der Bestand an Ziegen sprunghaft zu, so auch nach dem 2. Weltkrieg. Sie belieferten die Häusler täglich mit Milch und einmal in ihrem Ziegenleben mit Fleisch und Ziegenleder. Ziegenmilch war Bestandteil der *Brutmahlsuppe* (Roggenmehlsuppe), in die noch zusätzlich *Brutfiedl* (Brotstückchen) eingebrockt wurden. Zum 2. Frühstück oder zur Vesper trank der Handweber die Ziegenmilch im Wechsel mit der *Koaffeelurke* (Kaffeeersatz) aus seinem *Tippl* (Töpfchen). Aus Ziegenmilch stellte der kleine Mann Quark und Käse her. Sie diente durch ihren hohen Kaloriengehalt nicht nur als Getränk, sondern auch als Nahrungsmittel. Das Fell junger Hausziegen wurde als *Zickelfell* zu Pelzen verarbeitet. Aus dem Ziegenleder stellte man Schuhe und Kniebundhosen, heute Handschuhe, her. Ziegen spannte man sogar vor Wagen. Sie fressen nicht nur Gras und Futterrüben, sondern auch Laub, Rinde, Reisig und Küchenabfälle, wie Brot, Gemüsereste, Kartoffel- und Apfelschalen. 1895 hatte der sächsische Teil der

Oberlausitz die höchste Ziegendichte im Königreich. Sie wurden im Schuppen, im Gewölbe, in der Halle oder Abseite des Hauses oder unter der Treppe gehalten. Der 1. deutsche Ziegenverein wurde 1877 in der Oberlausitz in Oberoderwitz gegründet. Der traditionelle Osterbraten in der südlichen Oberlausitz war noch vor 80 Jahren der *Zickelbraten*. Seltener kam Kaninchen- oder Lammbraten auf den Tisch. Zur Kirmst wurde kein Großtier geschlachtet, nur Geflügel, Kaninchen und vielleicht eine Ziege oder ein Ziegenbock. Manchmal wurde das Fleisch zum Beizen in Buttermilch eingelegt.

Für einen Zickelbraten sollten die *Ziegehippl* nicht älter als 12 Monate sein. Selbstverständlich verspeisten die armen Leute auch das Fleisch der alten Milchziegen. Dabei dachten sie an den alten Volksvers: „Hippl, Hippl, Mäh, Ziegefleesch is zäh!"

Gerichte

- *Zicklbrotn und salbergemachte Nudln*
  Zickelbraten und selbstgemachte Nudeln
- *Zickelbrotn, Saalzabern und Butterbunn*
  Zickelbraten, Salzkartoffeln und in Butter geschmorte grüne Bohnen
- *Zicklbrotn, Abernkließl und Rutkraut (Blookraut)*
  Zickelbraten, Kartoffelklöße und Rotkraut

Rezept für Zickelbraten

Zutaten

1 kg	Zickelfleisch
1 EL	mittelscharfer Senf
100 g	Fett
250 ml	Wasser
125 ml	saure Sahne oder Buttermilch
1 EL	Mehl
	Salz

Zubereitung

Das gewaschene Fleisch wird abgetrocknet, gehäutet, mit Salz eingerieben und mit Senf bestrichen. Im vorgeheizten Backofen brät man das Fleisch bei 200°C 1,5 bis 2 Stunden unter häufigem Begießen. Der Bratensatz wird mit kochendem Wasser gelöst und mit dem in der Sahne angerührtem Mehl gebunden. Abgeschmeckt wird mit Salz, nach Belieben auch mit Tomatenmark.

Variationen

Statt Senf kann auch gehackter Knoblauch, Thymian und Rotwein verwendet werden. Ist das Zickel zur Ziege herangereift, legt man das Fleisch vor dem Braten über Nacht in schwaches Essigwasser oder Buttermilch. Die Zubereitung von Lammbraten erfolgt gleichermaßen.

Fisch

Harche und Sempfharch
Heringe und Heringstopf

Ganze Abern und Harch (Pellkartoffeln und Hering) kam mindestens einmal wöchentlich auf den Tisch der Oberlausitzer Leineweber. Im Gegensatz zum heimischen Spiegelkarpfen war der Hering spottbillig und konnte, eingesalzen, von der Nord- und Ostsee tief ins Landesinnere transportiert werden. Der Heringsfang verhalf den Hansestädten im Mittelalter zu Reichtum. Früher waren die Heringe das „Arme-Leute-Essen", heute sind sie besonders durch die Überfischung rarer, teurer und zur Delikatesse emporgestiegen. Statt das Wort „arm" in den Mund zu nehmen, malte der Oberlausitzer ein Bild eines Salzherings, der über dem Tisch an der Decke hing. Gebratener Heringsrogen und gebratene Heringsmilch waren Delikatessen.

Das Volk erzählt sich, dass die zu Tische gebetenen Familienmitglieder angeblich vom Montag bis zum Sonnabend die *Schälabern* mit der Gabel aufgespießt und über den Salzhering gestrichen hätten. Erst am Sonntag wäre der Hering aufgeteilt worden. Der kräftige Eigengeschmack des Herings gab der Pellkartoffel „*a bissl Schmecke*". Von Weifa, einem besonders armen Weberdorf, erzählt man sogar, dass man den Hering hinter die Fensterscheibe gehangen hätte. Vor der Reformation waren die Christen in der Adventszeit und der österlichen Bußzeit zum Fasten verpflichtet. Sie mussten auf Fleisch und andere Tierprodukte verzichten und wichen auf Fischspeisen aus. Die evangelischen Christen fasteten nur am Karfreitag.

Das Fischessen der Bauern in einem Zittauer Bierschank schilderte der Mittelherwigsdorfer Schriftsteller Ernst Willkomm folgendermaßen: „Die meisten saßen um die fichtenen Tafeln und aßen ihren Hering zu den Strietzeln, bevor sie aber die kräftige Kost zu sich nahmen, zogen sie dem Fisch die Seele aus und warfen sie mit einem 'Helf Gott´ über sich, dass sie an der hölzernen Decke kleben blieb. Diese war mit zahllosen Heringsseelen wie mit Sternen übersät, und wer das nicht wusste, der konnte es für eine kunstreiche Malerei halten".

Der Oberlausitzer von heute isst in der Regel einmal in der Woche Fisch. Und das sicherlich nicht nur wegen dem DDR Werbespot aus dem Fernsehen: „Jede Woche einmal Fisch auf den Tisch". Auf alle Fälle war für unsere Vorfahren ein Fischgericht etwas Besseres als *Braajglsaalz* oder *Schälabern*, *Quoark* und *Leinäle*. Und so sagten noch die älteren Leute vor einigen Jahren: *„Frooe, hul ann Harch! Woaas nitzt doaas schlaajchte Labm."*

Es gibt einen Unterschied zwischen einem *Reecherharch* (Räucherhering) und einem *Bittling* (Bückling). Bei dem erstgenannten handelt es sich um einen gesalzenen Hering, der kalt geräuchert ist. Ein

Bückling ist ein ungesalzener oder nur leicht gesalzener heißgeräucherter Hering. Unter der *Harchschmähre* (Heringschmiere) versteht der Oberlausitzer einen Brei, der aus kleingeschnittenen Salzheringen besteht, die mit Zwiebeln angemacht und mit Mehl angedickt sind, und im Tiegel gebraten werden. Dieser *Heringpapps* wird auf die Schnitte geschmiert oder zu Schälkartoffeln gegessen.

Bei der Zubereitung verschiedener Fischhappen kommen die unterschiedlichsten Zutaten und Gewürze zum Einsatz. Da spannt sich der Bogen von saurer Sahne oder Milch, Räucherspeck, hartgekochten Eiern, Äpfeln, Gewürzgurken, Meerrettich, Senf, Zwiebeln, Knoblauch, Öl, Lorbeerblatt, Basilikum oder Pfefferkraut, Pfeffer, Salz, Butter, Essig, Zitrone, Zucker bis zur Majonäse hin. In einigen Rezepten werden die Zutaten in kleine Würfel geschnitten, in anderen durch den Fleischwolf gedreht. In Niedercunnersdorf isst man zu den Pellkartoffeln *Harchleckerze*. Das sind in gewürzter Tunke eingelegte kleine Heringsstücke Die Heringsmarinade gießt man über die Kartoffeln, damit sie besser rutschen. In Schleife bei Weißwasser nennt man die Heringshappen „Saurer Hering".

Die meisten Rezepte der aufgeführten Heringsgerichte sind in den gängigen Kochbüchern nachzulesen, deshalb möchte ich dem Leser die Zubereitung einer Heringsspeise verraten, die in meiner Familie seit Großmutters Zeiten am Heiligabend und zum Jahreswechsel auf den Tisch kommt. Sogar unsere Enkelkinder lecken sich danach alle zehn Finger ab. Es handelt sich um den *Sempfharch* (Senfhering).

Gerichte

- *Ganze Abern und Saalzharch*
  Salzhering mit Pellkartoffeln
- *Ganze Abern und eimoarierter (eigemulkerter) Harch*
  Marinierter Hering mit Pellkartoffeln
- *Ganze Abern und Harchschmähre*
  Heringsbrei mit Pellkartoffeln
- *Ganze Abern und Reecherharch*
  Räucherhering mit Pellkartoffeln
- *Abernmauke, gebrutter (gebrotner) Harch und Gurknsoaloat*
  Gebratener grüner Hering mit Kartoffelbrei und Gurkensalat
- *Harch a Mahlpoapps*
  Gebratener Hering im Schlafmantel
- *Anne Schniete mit Häckerchl*
  Eine Scheibe Brot mit Häckerle
- *Anne Schniete mit Sempfharch*
  Eine Scheibe Brot mit Senfhering
- *Anne Schniete mit Brotharch a siss-sauer Tunke*
  Eine Scheibe Brot mit Brathering in süßsaurer Soße

Fischsemmeln

Bei der Aufzählung der Heringsgerichte darf man die *Fischlsammln* (Fischsemmeln) nicht vergessen. Sie werden auf Volksfesten, auf Kirmsten, zu Schützenfesten oder an Polterabenden serviert. Die Matjes- oder Bismarckheringe und die Gewürzgurken werden mit Küchenkrepp trocken getupft. Die untere Semmelhälfte belegt man in der Reihenfolge Gurkenscheiben, Hering, Zwiebelringe. Nun wird die obere Hälfte der Semmel auf die Zwiebeln und Heringe gelegt und leicht angedrückt. Die Fischsemmel oder der Teller kann mit Salatblättern garniert werden.

Rezept für Senfheringe

Zutaten
- 600 g Heringsfilet (Matjesfilet)
- 2 Pimentkörner
- 1 Lorbeerblatt
- 1 St. Chilischote
- mittelscharfer Senf
- Zwiebeln
- Senfkörner
- Pfefferkörner
- Öl (Sonnenblumenöl)

Zubereitung
Die Salzheringe werden filetiert, mit Senf bestrichen und in kleine Happen geschnitten. Die Zwiebeln schneidet man in Ringe. In ein Tongefäß oder ein Einweckglas gibt man die Senfkörner. Nun werden immer im Wechsel eine Schicht Zwiebelringe und eine Schicht Heringsstücke in das Gefäß eingelegt. Zwischendurch werden die Piment- und Pfefferkörner, ein Stück des Lorbeerblattes und die Chileschote dazugetan. Nach jeder Schicht füllt man mit dem Pflanzenöl auf und versucht Luftblasen unter den Heringsstücken zu beseitigen. Den Abschluss bildet eine Schicht mit Zwiebelringen. Das Öl muss die oberste Schicht bedecken. Man deckt die Öffnung des Gefäßes zu und stellt es etwa eine Woche in den Kühlschrank.

Mit den eingemachten Heringshappen werden die Schnitten (Brotscheiben) belegt.

Humorvolles aus der Oberlausitz

Mei Junge is herrlch. A moagg kee Fleesch und glei goar kee fettches. Iech soi zun: „Wenn de gruß und stoark warn willst wie a Bulle, musst de vill Fleesch assn. Willst de su gutt loofm wie a Pfard, musst de vill Pfarwurscht assn." „Aber, Voater", belihrt´r miech, „du isst baale jedn zweetn Tag Fiesch, aber schwimm koannst de heute noa ne."

Koarpm a poolscher Tunke
Karpfen in polnischer Soße

In vielen Familien wird Silvester oder Neujahr Karpfen aufgetragen, früher auch am Heiligabend oder an einem Weihnachtsfeiertag zu Mittag. Wenn es für den Karpfen auch keine Schonzeit gibt, so findet das Abfischen in der Regel vom September bis zum Dezember statt. Die bekanntestes Gerichte sind „Karpfen blau", „Karpfen gebacken" und „Karpfen polnisch". Sicherlich ist die Zubereitungsart mit *poolscher* oder *Biertunke* von Polen über Schlesien in die Oberlausitz und in alle anderen Regionen Deutschlands gewandert.

Das größte für die Karpfenzucht wirtschaftlich genutzte Teichgebiet Europas ist die über 350 Teiche umfassende Oberlausitzer Heide- und Teichlandschaft. Die gewerbliche Fischzucht begann hier schon vor 800 Jahren, als Rittergutsbesitzer und Klöster Teiche anlegten, um Karpfen zu züchten. Auf Grund der Artenvielfalt in der Flora (Moorveilchen, Sonnentau, Sumpfporst) und Fauna (Seeadler, Kranich, Fischotter) hat die UNESCO 1996 die Oberlausitzer Heide- und Teichlandschaft als Biosphärenreservat, d.h. als weltweit bedeutsames Schutzgebiet, anerkannt.

Es gab auch in der südlichen Oberlausitz früher viel mehr Teiche als heute. Sie wurden im Laufe der letzten Jahrhunderte trockengelegt. So stahl der Räuberhauptmann Karaseck Ende des 18. Jahrhunderts den „unbeliebten Geizhälsen" nicht nur das Geld, den Schmuck, das Geschirr und die Waffen aus dem Haus, sondern auch die Karpfen aus dem Teich. Noch heute hat der Begriff „Fischzug" auch die Bedeutung eines erfolgreichen Beutezuges jeglicher Art. Noch in der 1. Hälfte des 19. Jahrhunderts tummelten sich in den Flüssen und Bächen der Oberlausitz unzählige Krebse, Lachse, Forellen und andere Fische. Im Jahre 1621 bekam der sächsische Kurfürst mit seinem Gefolge bei einem Aufenthalt in Lauban für eine einzige Mahlzeit vom Magistrat einen Ochsen, zwölf Schöpse, acht Lämmer, zwei Kälber, zwei Schweine, zwei Ferkel, einen Truthahn, vier Masthähne, vier Gänse, zwölf alte und 20 junge Hühner, vier Schock Eier, einen halben Zentner Hechte, einen halben Zentner Karpfen nebst anderen Fischen und Krebsen usw. Zum Mitnehmen schenkte ihm noch der Rat ein Schock (60 Stück) Karpfen und zusätzlich noch etliche Hechte und Forellen. Die Fischzüchter der Oberlausitz haben sich auf den Spiegelkarpfen spezialisiert, der seinen Namen von den großen metallisch glänzende Schuppen hat. Aber auch Schleien, Hechte, Welse, Störe und neuerdings Biokarpfen werden in Teichen gehalten. Im Herbst jedes Jahres finden die „Lausitzer Fischwochen" mit Fischerfesten, Schaufischen, Blasmusik und Verkauf von frischem Fisch statt.

Manche Leute legen sich noch heute in der Neujahrsnacht ein paar große glänzende Schuppen in ihr Geldtäschchen, damit das Geld im neuen Jahr nicht ausgeht.

Das Verspeisen von Süßfischen galt als etwas Besseres, das Verzehren von Heringen als etwas Gewöhnliches.

Rezept für Karpfen in polnischer Tunke

Zutaten für 3 Personen

1 kg	Karpfen
1 EL	Essig
1 EL	Salz
250 g	Wurzelwerk
1	große Zwiebel
40 g	Margarine oder Butter
500 ml	Malzbier oder Helles
500 ml	Wasser
60 g	braunen Pfefferkuchen
10 g	Rosinen
10 g	gestiftelte Mandeln
½	Zitrone
2 EL	Zucker oder Sirup
2 EL	Mehl

Zubereitung

Der Karpfen wird geschlachtet, gewaschen und entschuppt. Man schneidet ihm den Kopf und den Schwanz ab und halbiert ihn der Länge nach.

Die Hälften werden in drei Portionsstücke geschnitten, gewaschen, mit Essig und Salz eingerieben und 30 Minuten ziehen gelassen. Nun wird das Wurzelwerk und die Zwiebel kleingeschnitten und mit Margarine weich geschmort. Man füllt mit Bier, Wasser und Salz auf und lässt 20 bis 30 Minuten kochen. Dabei gibt man den geriebenen braunen Pfefferkuchen, die gewaschenen Rosinen, die Mandelstiftel und die in Scheiben geschnittene Zitrone dazu. Die Tunke wird mit Salz und Zucker oder Sirup abgeschmeckt und mit dem kalt angerührten Mehl gebunden. Die Karpfenstücke schichtet man ein, kocht auf und lässt den Sud 20 Minuten bei kleiner Flamme ziehen.

Der Karpfen wird zusammen mit der Tunke in einem tiefen Teller und in einer Schüssel auf den Tisch gebracht. Als Beilage serviert man *Abernstickl* (Salzkartoffeln) mit *Bitterschilche* (Petersilie), *Mauke* (Kartoffelbrei) oder *Heedegritze* (Buchweizengrütze).

Variationen

Früher verwendete man weder Helles noch Malzbier, sondern Braunbier. In den alten Rezepten belaufen sich die Mengenangaben von 0,5 bis 2 Liter. Auch Rotwein wird häufig statt des Bieres oder im Gemisch mit Bier angegeben. Alte Rezepte aus dem benachbarten Schlesien empfehlen die Gewürze Thymian, Lorbeerblatt, Liebstöckel (Maggikraut), Pfeffer und als Beilage Klöße und/oder Sauerkraut.

„Lusst´s euch oack schmeckn, iech hunger garne!"

Humorvolles aus der Oberlausitz

Lehrer: „Eberhard, was ist denn dein Vater?"
Schuljunge: *„Oan liebstn isst mei Voater ganze Abern und Harch."*

Obst und Gemüse

Äpplplätschl – Äpplpritschl – Äpplringl
Getrocknete Apfelringe

Volkskundliches

Für getrocknete Apfelringe gibt es in der Oberlausitz mehrere Bezeichnungen. Sie sind nicht nur von Dorf zu Dorf, sondern auch von Familie zu Familie verschieden. Unter dem Namen *getroigte Oapplringe* kann sich jeder etwas vorstellen. In der gesamten südlichen Oberlausitz werden die gedörrten dünnen Apfelscheiben *Äpplplätschl* genannt, westlich, nördlich und östlich schließt sich der Ausdruck *Äppl-* oder *Oapplpritschl* oder *Äpplprietschl* an. Um Rothenburg OL hört man häufig *Äpplringl*. Es gibt selbstverständlich auch *Birnplätschl* (dünne Birnenringe), die in der Westlausitz *Bern-*, *Barn-* oder *Boarnpritschl* heißen.

In dem mundartlichen *Plätschl* steckt das Verb „platt" drin. Es handelt sich hierbei immer um etwas Zusammengedrücktes, Flaches, Dünnes, wie flache Gefäße, flache Bonbon oder Plätzchen, flache Steine, Metallscheiben oder Brotscheiben zum Heiligen Abendmahl.

Werden die Äpfel aber in Stücke geschnitten, spricht der Oberlausitzer von *Äpplspaaln* (Apfelspalten), *Äpplstickln* oder *Äpplbissln*. Diese werden aber wegen ihrer Dicke meist gebacken (gebraten) und mit Zucker, Zimt und Rosinen angemacht. Im sorbischen und ehemals sorbischen Sprachgebiet im Norden der Oberlausitz heißt das Backobst *Pätschinkn*, *Pätzanken* oder *Patzackn*. Dabei handelt es sich besonders um Backpflaumen und Backbirnen. Sie verhindern

Blähungen und Durchfall. Die Niedercunnersdorfer nannten die getrockneten Birnen in süßer Soße *Boomkrabsl*. In der östlichen Oberlausitz aß man zu den *Abernkließln* gerne Backobst. Aus säuerlichen Äpfeln, wie dem Boskop, bereitete man früher in der Weihnachtszeit, viel häufiger als heute, *Brotäppl* (Bratäpfel) zu. Die Äpfel wurden ungeschält auf der Ofenplatte gebacken und mit Zucker, Zimt und Vanillesoße verspeist.

Wohl jeder *Häuslmoan* (Hausbesitzer) hatte hinter oder neben seinem Hause einen Obstgarten mit Äpfeln, Birnen, Pflaumen, *Marunkn* (große, gelbe oder rotblaue Eierpflaumen) und mit *Grischln* oder *Grieschln* (klein blaue oder gelbe Pflaumen). Vor 100 Jahren gab es u. a. *Naajlknäppl* (Nelkenäpfel), *Mahläppl* (Mehläpfel), *Griene Äppl*, *Danzcher* (Danziger), *Pustkeppe* (Boskoop) und *Harrnittsche* (Herrnhuter).

Verwendung

Die Kinder steckten sich die Apfelringe in die Kleidertaschen und hatten beim *Bellern* (*Pinkern, Gackln, Schnackln, Pickln, Schnippln, Schnipsln*), beim *Landoabstechn*, beim *Hoascher* oder beim *Kastlhuppm* immer etwas zum Knappern dabei. Semmeln und Schnitten durften nur unter der Aufsicht der Eltern gegessen werden. *Äpplringl* und *Backpflaum* wurden auch beim Hochzeitsmahl zwischen den Gängen serviert. Die getrockneten Äpfel genießt man heute auch als Knapperei zum Wein oder im Müsli. Man kann sie auch zu Kompott verarbeiten.

Zubereitung

Die Äpfel werden gewaschen, trocken getupft und geschält. Der *Äpplgriebsch* oder *Oapplgriebs* (Kerngehäuse) wird mit einem Apfelentkerner ausgestochen. Nun schneidet man die Äpfel in ca. 5 mm dicke Ringe. Anschließend legt man die Scheiben für ca. 10 Minuten in eine Zitronensaftlösung (1 Zitrone auf 0,5 Liter Wasser), damit sie nicht braun werden. Zum Abtropfen werden die Ringe auf ein Gitter gelegt. Nun werden die Apfelringe auf einem *Bändl* (Bindfaden) aufgefädelt und über den Ofen gebunden oder auf dünne Holzstäbchen aufgereiht und im Herd oder Backofen aufgehängt. Er sollte mit Pergamentpapier ausgelegt werden. Nun trocknet man im Herd, bei leichter Umluft und einer Temperatur von 50°C, ca. 7 Stunden. Bei höheren Temperaturen gehen ätherische Öle verloren. Der Ofen muss mit einem Holzlöffel leicht geöffnet sein, damit die Feuchtigkeit entweichen kann. Wenn kein Saft mehr austritt, die Früchte biegsam sind und sich ledern anfühlen, ist der Trockenprozess abgeschlossen.

Die abgekühlten *Äpplplätschl* können in einem verschließbaren Glasbehälter ca. 6 Monate aufbewahrt werden.

Dickes Gemiese
Kohlrabi-, Möhrengemüse mit getrockneten Pilzen

Heimatkundliches über Gemüse und Pilze

Die Botaniker zählen die Möhren und die Kartoffeln zum Knollen- und den Kohlrabi zum Kohlgemüse. Bei dem hier beschriebenen „Dicken Gemüse" wachsen alle Zutaten im eigenen Gaartl oder auf einem Stück Feld hinterm Hause. Was bauten unsere Vorfahren im 19. Jahrhundert für Küchenkräuter und Gemüsesorten an?

- *Soaloateheetl* (Kopfsalat),
- *Mährn* (Möhren, Karotten),
- *Weißkraut* oder *Heetlkraut* (Weißkraut),
- *Welschkraut* (Wirsingkohl),
- *Rutkraut, Blookraut* (Rotkraut),
- *Zwibbln* (Zwiebeln),
- *Rettche* (Rettiche),
- *Meerrettch* oder *Krien* (Kren),
- *Radiesl* (Radieschen),
- *Rute Riebm* (Rote Rüben, Rote Bete)
- *Kullroabie* (Kohlrabi),
- *Bunn* (Bohnen),
- *Arbsn* (Erbsen), *Schutn* (Schoten)
- *Kirbse* (Kürbisse),
- *Stupplriebm* (Stoppelrüben, Wasserrüben),
- *Gurkn*,
- *Rhoarboarber* (Rhabarber),
- *Stihwurzl* (Sellerie),
- *Moh* (Mohn),
- *Knoblch* (Knoblauch)
- und *Schwoarzwurzl*

Dazu gesellten sich noch Gewürzpflanzen, wie *Bitterschilche* (Petersilie), *Liebsteckl* (Liebstöckel, Maggikraut), *Mairoaan* (Majoran), *Beibst* (Beifuß), *Schnittlch* oder *Brieslch* (Schnittlauch), *Bunnkroattch* (Bohnenkraut) oder *Pfafferkroattch* (Pfefferkraut), *Dille* (Dill), *Kimml* (Kümmel) und *Roapunde* (Rapunzel). Auch die *Abern* (Kartoffeln) und die *Kullerriebm* (Kohlrüben, Steckrüben) bauten die Handweber für den Eigenbedarf und für ihre Ziegen an. Getrocknete Pilze standen der Hausfrau das ganze Jahr zur Verfügung. Zum Abtrocknen eignen sich am besten Steinpilze und Maronenröhrlinge. Sie entwickeln durch den Trocknungsprozess ein intensives Aroma und halten sich in Schraubgläsern mehrere Jahre. Für den armen Heidebauern waren die Pilze Ersatz für teure Gewürze und Fleisch.

Herleitung des Namens

Der Name „Dickes Gemüse" hat eine doppelte Bedeutung: Erstens sind Kohlrabi und Möhren zwei Gemüsesorten, die erst durch ihre Verdickungen als Nahrungsmittel tauglich sind und zweitens werden sie zu einer dickflüssigen Masse verkocht.

Dickes Gemüse ist also nichts anderes als gekochtes Gemüse, das mit einer Mehlschwitze oder einfach nur mit Mehl oder Stärke angedickt wird. Das Gericht ist sehr schmackhaft, billig und einfach zuzubereiten.

Rezept für Dickes Gemüse

Zutaten für 3 Personen

2	Kohlrabi mittlerer Größe
1	große Möhre
3 – 4 EL (gehäuft)	getrocknete Pilze
50 g	Butter
2 EL	Weizenmehl
	Pfeffer
	Salz
	Petersilie

Zubereitung

Die Kohlrabis und die Möhre werden geschält, gewaschen und in Würfel geschnitten. Man kann die Möhren auch mit einem Gurkenhobel raspeln. Das Gemüse und die getrockneten Pilze vermischt man in einem Topf, der mit so viel Wasser aufgefüllt wird, dass sein Inhalt bedeckt ist. Nun wird das Gemüse weich gekocht (etwa 30 Minuten). Ab und zu wird die Masse umgerührt und bei Bedarf mit noch etwas Wasser versetzt. Nun verrührt man das Gemüse mit der Butter und dem Mehl, schmeckt mit Salz und Pfeffer ab und gibt die Petersilie hinzu.

Variationen

Man kann dem Kohlrabi-Möhren-Mix auch noch junge grüne Erbsen zufügen oder nur mit Porree anrichten. Als Beilage eignen sich Salzkartoffeln oder Kartoffelmus. Der gute Geschmack dieser Speise wird besonders durch die getrockneten Pilze hervorgerufen. In anderen Regionen fertigt man „Dickes Gemüse" aus Bohnen oder Linsen an. Obwohl es unsere Altforderen nicht gemacht haben, isst der heutige Wohlstandsbürger noch eine Bock- oder Bratwurst oder ein Schnitzel dazu.

Krautwickl
Krautwickel – Krautroulade – Kohlroulade

Es handelt sich hierbei um ein Gericht aus Gewiegtem, Gehacktem oder Zerschelltem, das mit Krautblättern eingewickelt und geschmort worden ist.

In Süddeutschland und Österreich wird das Gemüse „Kraut", in Norddeutschland „Kohl" und am Niederrhein „Kappes" genannt. In der Oberlausitz löste vor 150 Jahren das Wort *Kraut* für „Weißkraut" die alten mundartlichen Bezeichnungen *Koappkraut, Koappskraut* oder *Koappheetl* ab. Wie fälschlicherweise auf manchen Oberlausitzer Speisekarten zu lesen ist, gibt es keine „Oberlausitzer Kohlrouladen", sondern nur *„Krautrouladen"* oder noch besser *„Krautwickel"*. Von der Kartoffel abgesehen, die man zum Knollengemüse zählt, ist das Weißkraut das wichtigste Gemüse in der Oberlausitz. Es wird in großen Mengen in der Gärtnerstadt Zittau angebaut.

Die enge Beziehung der Menschen zum Kraut äußert sich in vielen Redewendungen und Volksreimen:

„wie Kraut und Riebm",

„furt woar'r wie's Wirschtl vun Kraute",

„doaas macht's Kraut o ne fett!"

„War Gutt vertraut und schesst as Kraut, dann wachsn gruße Heete."

„Gestern Kraut und heute Kraut, iech hätt's'n Bauern goar ne zugetraut, doaaß'r su vill Kraut oaabaut!"

Statt des Weißkrauts wird in meiner Familie *Welschkraut* (Wirsingkohl) genommen. Es zeichnet sich durch die kraus gewellten Blätter aus, ist weicher, lockerer, hat weniger Strünke und schmeckt besser. Nimmt man für die Fleischeinlage kein Gewiegtes, sondern den gröberen Hackepeter, dann wird das eingewickelte Gewiegtebrutl lockerer.

Rezept für Krautwickel

Zutaten für 3 Personen

1 Kopf	Welsch- oder Weißkraut
400 g	Hackepeter oder Gewiegtes
2 St	Zwiebeln
1	Ei
½ TL	Salz
	etwas Pfeffer
1 EL	Senf
½ TL	Kümmel
1 EL	Fett oder Öl
	etwas Salz und Pfeffer
750 ml	Wasser oder klare Brühe (Fleischbrühe, Gemüsebouillon)
1 EL	Soßenbinder oder Mehl Paniermehl oder geriebene Semmel nach Bedarf

Zubereitung

Der Krautkopf wird nach dem Entfernen der alten und welken Blätter 20 bis 30 Minuten in heißem Wasser weich gekocht. Man löst die Blätter ab und schneidet evtl. Strünke heraus.

Der Hackepeter oder das Gewiegte wird mit dem Paniermehl oder den Semmelbröseln, dem Ei und den Gewürzen vermengt. Man legt jeweils 3 Krautblätter pro Roulade so übereinander, dass keine offenen Stellen mehr sind, und gibt reichlich 2 Esslöffel Gehacktes darauf. Die Blätter werden seitlich eingeschlagen, gerollt und mit einem langen Faden umwickelt, daher der Name *Krautwickl*. Man erhitzt das Fett in einer Pfanne und brät die *Krautwickel* von allen Seiten darin an. Nun werden sie mit dem Wasser oder der Brühe aufgegossen und in einem geschlossenen Topf etwa 30 Minuten gekocht. Die Krautwickel werden auf einen Teller gelegt und warm gehalten. Zum Schluss bindet man die Soße mit dem Soßenbinder oder dem Mehl, schmeckt ab und würzt bei Bedarf nach.

Zu den Krautwickeln reicht man in der Oberlausitz Salzkartoffeln.

Krautwickl
von Regine Büttrich

in Seifhennersdorfer Mundart

Kunzns wohntn uff´m Durfe
a enn Imgebindehaus.
Und do guckte a klee Maajdl
quietschvagniegt zun Fansta raus.
A enn foarzloon Summatage
flug da Kloappasturch vabei,
läte, eigepackt a Windln,
ann klenn Jungn as Kirbl nei.
Jedsmol wenn da Stroamplch noaatschte,
ruffte´s Maajdl glei durch´s Haus:
„Unser Max hoat´ch eigebullat,
kumm oack, pack dan Bläkach aus!"
A enn grußn Oabfoalleema
koam de dreckchn Windln nu,
und doaas liebe kleene Maajdl
woar dabei und guckte zu.
Wie de Mutta amol koachte,
Krautruloadn sullt´s´r gan,
hoat de Kleene ba dr Oarbeet
vu dr Muttan zugesahn.
Wie se nu minanda oaßn,
ließ se´s Maul hängn, Gutt derboarm,
lät de Blatl uff de Seite,
oack is Fleesch wurd eigefoahrn.
Wirscht du glei is Kraut mitassn,
kumm, zaschneid die Fladache!"
„Do wird nischt draus", soate´s Maajdl,
„siche Windln moagg iech ne!"

foarzloo:	furzlau, bumslau, mild	*Blatl:*	Krautblätter
		Fladache, Fladerche:	flatterige Blätter
noaatschte:	weinte	*siche:*	solche
Bläkach, Bläkerch:	Schreihals	*moagg:*	mag
gan:	geben		

Sauerkraut

„Sauerkraut" heißt auch in der Oberlausitz „Sauerkraut", auch wenn es manchmal humorvoll bis abwertend *Saure Wulle* oder *Furzwulle* genannt wird. Es dient gekocht, seltener roh, als Beilage für viele Speisen, bei denen die Kartoffel als Hauptkalorienlieferant fungiert. Man dämpft es, dünstet es, kocht es, brät es und wärmt es immer wieder auf. Der Oberlausitzer behauptet: *„Siebmmol ufgewärmt und siebmmol oabgemacht, derno schmeckt's irscht gutt."* So ist es auch, aufgewärmtes Kraut schmeckt besonders gut, weil es dadurch weicher wird, allerdings dabei Vitamine verliert.

Das Sauerkraut gilt international als eines der bekanntesten deutschen Nationalgerichte. Durch seinen hohen Vitamingehalt verhindert es im Winter Mangelerscheinungen. Es ist sehr kalorienarm und kann deshalb gut in Schlankheitskuren eingebaut werden. Sauerkraut fördert die Verdauung und beugt der Gefäßverkalkung und damit dem Herzinfarkt vor. Das Einlegen oder Einsäuern des Krautes ist in manchen Familien eine heilige Handlung. In manchen Orten (Kurort Oybin, Leutersdorf) wird sogar jedes Jahr ein Sauerkrautkönig ermittelt. Eine Jury aus Köchen und Feinschmeckern kostet und bewertet die eingegangen Krautproben und zeichnet den Sieger mit einen Wanderpokal aus. Legt der Oberlausitzer sein Sauerkraut nicht selber ein, so kauft er welches aus dem Spreewald. Das schmeckt ihm am besten.

In vielen Oberlausitzer Liedern wird das Sauerkraut besungen. So in dem schlesisch-oberlausitzischen Volkslied *„Dr Bauernhimml"*:

„Assn warrn mer wie de Firschtn, Sauerkraut mit Laberwirschtn."

Die Oderwitzer werden noch heute von den Nachbardörflern mit dem Vers gehänselt:

„A Uderwitz, do hoat's geblitzt,
do hoat a Blitz a Haus derwischt,
do hoann se's wieder ufgebaut
aus Laberwurscht und Sauerkraut."

Ein Knecht oder Handwerksgeselle beklagte sich über die fleischlose und fettarme Kost mit folgenden Worten:

„Sauerkraut und Riebm, die hoann miech vertriebm,
hätt de Meestern Fleesch gekoacht,
wär'ch noa dogebliebm."

Gerichte mit Sauerkraut

- *Abernmauke, Laberwurscht* (auch *Brotwurscht* oder *Bluttwurscht*) und *Sauerkraut*
  Leberwurst (auch Bratwurst oder Blutwurst) mit Kartoffelbrei und Sauerkraut
- *Abernmauke, Wellfleesch* und *Sauerkraut*
  Kesselfleisch mit Kartoffelbrei und Sauerkraut
- *Abernmauke, Dickbeen (Schweinsknechl)* und *Sauerkraut*
  Eisbein mit Kartoffelbrei und Sauerkraut
- *Stupperchl, Rieperchl* und *Sauerkraut*
  Kasslerrippchen mit Stopperle (scheibenförmige Kartoffelklöße) und Sauerkraut
- *Sammlkließe, Schweinebroten* und *Sauerkraut*
  Schweinebraten mit Semmelklößen und Sauerkraut
- *Krautmauke*
  Kartoffelbrei mit Sauerkraut
- *Krautnudln*
  Nudeln mit Sauerkraut
- *Arbsnpoapps* mit *Spaajk* und *Sauerkraut*
  Erbspüree mit Speck und Sauerkraut
- *Sauerkrautsuppe* und *anne Bähschniete*
  Sauerkrautsuppe und geröstetes Brot

*Sauerkraut fillt de Haut, macht krumme
Beene und de Darmer reene.*

(mündlich überliefert)

Rezept zum Einlegen von Sauerkraut

Zutaten

10 kg	gehobeltes Weißkraut
100 g	Salz
0,5 kg	Möhrenschnitzel (bei Bedarf)
3-5	saure Äpfel
	Dill
	Kümmel
	einige Senfkörner, einige Weinblätter, einige Pfefferkörner, einige Wacholderbeeren

In anderen Rezepten werden nur Salz und Zucker als Zutaten empfohlen.

Zubereitung

Eine *Krucke* (Steinguttopf) oder ein Holzfass wird gründlich gesäubert. Von den *Krautheetln* (Kohlköpfen) entfernt man die Blätter. Die Köpfe werden halbiert und die Strünke ausgeschnitten. Das Weißkraut wird gehobelt, die Möhren und die Äpfel werden geraspelt und gut mit den Gewürzen vermengt. Nun stampft man es in mehreren 5 bis 10 cm dicken Lagen je nach Größe des Behälters mit den gewaschenen Füßen, mit einem Holzstampfer oder mit den Fäusten ein, bis sich so viel *Tunke* gebildet hat, dass das Kraut unter der Flüssigkeitsoberfläche verschwindet. Auf eine Krautlage folgt immer eine Salzschicht. Man deckt das eingemachte Kraut mit einigen großen Krautblättern und einem sauberen Leinentuch ab und beschwert es mit einem Holzbrett, auf das man einen schweren Stein oder ein Gewicht legt.

Der Steinkrug wird 2-3 Tage in einem Raum mit einer Temperatur von 20-22 °C stehen gelassen. Dann stellt man das Kraut 2-3 Wochen in den Keller oder in das Gewölbe und lässt es bei 15°C reifen. Hat sich nach dem Öffnen ein weißlicher Belag gebildet, werden Tuch, Brett und Stein ausgekocht und wieder aufgelegt. Ist das Kraut nicht mehr mit Brühe bedeckt, dann füllt man den Gärtopf oder das Holzfass mit kaltem Salzwasser (10g Salz/l) auf. Nach etwa 4 Wochen ist das Sauerkraut genussbereit.

Rezept zum Kochen von Sauerkraut

Zutaten

750 g	Sauerkraut
50 g	Speck oder Schweinefett
1	große Zwiebel
1 TL	Kümmel
2 EL	Salz
750 ml	Wasser

Zubereitung

Der Speck wird in Würfel geschnitten, die Zwiebel geschält und zerkleinert und die Kartoffeln gewaschen, geschält und gerieben. Der Speck wird ausgelassen und das Sauerkraut zugegeben und durchgedünstet. Man fügt die Zwiebel, den Kümmel, das Salz und das kochende Wasser hinzu. Das Kraut mit den Zutaten muss etwa 30 Minuten kochen.

Sauerkraut
Lucia Saring

O heuer hoann mer wieder Kraut
uff unsn Acker oaagebaut.
Dermit ne irscht dr Frust reikimmt,
wird's reigehullt glei uff'm Simmd.
Mer Weibsn machen fruh und munter
zuirscht de dreckchn Blatl runder,
dernoochern gibbt's kee Ieberlän,
dr Emil muss 'n Hubl drähn.
Is Fassl, doaas is viergericht,
gewassert und gutt ausgepicht,
und ubmrei wird's Kraut geschutt.
De Mutter soit: „Moan, trämpl gutt,
irscht schweefst de dir de Fisse oab,
anu as Fassl, aber troabb!"
Irscht strähn mer Saalz, poaar Hampvll, ei,
Wachhulderbeern senn mit derbei.
Und weil mer wulln woaas ganz Gutts assn,
do dirf mer'n Kimml ne vergassn.
Dr Voater trämplt, stoampt und poanscht,
doaaß oack su durch de Zinn durchmoanscht.
Irscht wie de Tunke ieber'n Kraut,
hoat'ch Voater aus'n Foaaß getraut.
Zuletzt a Brat und Steene druf,
sunst steigt's Kraut aus dr Tunke uf.
Anu bleibt's Foaaß irscht amol stihn,
is Kraut muss a de Gärche gihn.
Und is is derno gutt gerotn,
gibbt's Sauerkraut zun Schweinebrotn.
Und wie doaas schmackt! A jeds tutt's miegn,
doaas muss a Voatersch Fissn liegn!

uff'm Simmd:	am Sonnabend	*strähn:*	streuen
Blatl:	Blätter	*Hampvll:*	Handvoll
ausgepicht:	mit Pech ausgeschmiert	*Zinn:*	Zehen
trämpl:	trampel, trete	*Gärche:*	Gärung

Suppen

Suppm
Suppen

*„A Rupperschdurf ba Nineve, do wirkn se Koartun,
und weil de Mutter Suppe koacht, do wirkt dr gruße Suhn,
und wenn dr gruße Suhn ne wirkt, do wird o kee Koartun."*

Heute versteht man unter einer Suppe eine warme, flüssige bis dünnbreiige Speise, die aus Wasser oder Milch und verschiedenen festen Zutaten und Gewürzen hergestellt und meist als Vorspeise serviert wird. Suppen können aber auch vollwertige Gerichte sein. Gemüse-, Mehl-, Hülsenfrucht- und Kartoffelsuppen sättigen ausreichend und ersetzen ein Fleischgericht. Bei manchen Mehlsuppen handelt es sich schon fast um Breie, oder wie der Oberlausitzer sagt, um *Poappe* oder *Poapps*. Auch den Eintopf zählt man zur Suppe. Die Einteilung der Suppen erfolgt in klare und gebundene oder in Bouillon-, Wasser- und süße Suppen.

Die alten Oberlausitzer suppten am Morgen gegen 6.00 Uhr, manchmal zu Mittag oder am Abend. Suppen und Tunken wurden auf großen Bauernhochzeiten vor und nach dem Fisch, dem Fleisch, dem Gedämpften, den Würsten, dem Braten und sogar den Süßspeisen immer wieder aufs Neue serviert. Es wurde an der Hochzeitstafel von Mittag bis zum Abend gegessen. Nur die langen Reden des Brautvaters oder Hochzeitbitters, die Zeremonie des Schenkens, das gemeinsame Singen und das Tratschen der Gäste unterbrachen das Fressgelage. Mittagessen, Vesper und Abendbrot flossen zu einem „Viel-Gänge-Menü" zusammen. In der gleichen Geschwindigkeit, in der die Küche die einzelnen Gänge fertig stellte, wurden sie auch aufgetragen. Als Koch fungierte nicht selten der Fleischer des Dorfes. Die Gäste hatten alle ein *Tippl* (Topf) mitgebracht, in das sie die nicht verzehrten Bratenreste kippten und mit nach Hause nahmen. In den kommenden Tagen feierten sie mit ihren nicht geladenen Familienangehörigen und dem Gesinde „*Tipplhuckst*" (Töpfchenhochzeit), eine Art Nachhochzeit.

Wie wichtig, die Suppe ist, ersieht man schon an den vielen Volksreimen, Sprichwörtern und Redensarten:

„*Besser anne Fliege a dr Suppe, oas goar kee Fleesch an Tuppe.*"

„*Luss dr ne a de Suppe spuckn!*"

„*Dar hoat de Geschoitheet mit dr Suppmkelle gesuppt.*"

„*Wenn mer diech ne hättn und ´n klenn Leffl, misst mer de Suppe mit dr Goabl spissn.*"

„*De Suppe, die d´r eigebroackt hoast, musst de o salber wieder ausleffln.*"

„*War lange suppt, dar lange huppt.*"

Mancher Rest vom Mittagessen lässt sich als Suppe verwerten und wird am Abend als „*Restel*" oder *Restl* gegessen, was sehr zur sparsamen Wirtschaftsführung beiträgt.

Über die Zubereitung von Suppen geben die einschlägigen Kochbücher Auskunft. Die regional bedeutendsten Suppen, nach dem Alphabet geordnet, sind: *Abernsuppe* (Kartoffelsuppe), *Arbsnsuppe* (Erbsensuppe), *Biersuppe, Blumkohlsuppe, Brutmahlsuppe* (Suppe aus Roggenmehl), *Brutsuppe* (Brotsuppe), *Bunnsuppe* (Suppe mit grünen oder weißen Bohnen), *Buttermilchsuppe, Fieschsuppe* (Fischsuppe), *Flieder-, Katlbeer-* oder *Rutkatlsuppe* (Holundersuppe), *Gaale Suppe* (Gelbe Suppe), *Grießsuppe, Heedlbeer-* oder *Bloobeersuppe* (Heidelbeersuppe), *Hoaberflucknsuppe* (Haferflockensuppe), *Kirbssuppe* (Kürbissuppe), *Kirschsuppe, Kließl-, Koallchl-* oder *Kneetlsuppe* (Suppe mit kleinen Käulchen oder Klößen), *Knoblchsuppe* (Knoblauchsuppe), *Kuttlflecksuppe* (Suppe mit Kuttelflecke), *Krautsuppe, Kullerriebmsuppe* (Kohlrübensuppe), *Lampl* (Dünnbiersuppe), *Linsensuppe, Milchsuppe, Nudlsuppe, Pflaumsuppe, Pilzsuppe, Reissuppe, Rhoarboarbersuppe* (Rhabarbersuppe), *Sauerkrautsuppe, Schwoarzwurzlsuppe, Selleriesuppe, Woassersuppe, Wurschtsuppe* und *Zwibblsuppe*. In schlechten Zeiten wurden die Suppen reichlich mit Liebstöckel und Majoran gewürzt, die in fast jedem Garten wuchsen.

Humorvolles aus der Oberlausitz

„Hans", soite meine Frooe zu mir, „iech gih oack uff ann Sprung zer Nubbern rim. A fimf Minutn bie´ch wieder do. Bie oack su gutt und rihr oaller hoalbm Stunde de Suppe im!"

Huckstsuppe (Hochzeitssuppe)

Als Vorsuppe auf einer Hochzeit servieren die Kellner im Oberland heute meist eine Nudelsuppe mit Leber- oder Fleischklößchen. Vor hundert Jahren gab es eine *Koallchlsuppe* aus Semmelmehl- oder Grießklößen mit Rind- oder Hühnerfleisch und der dazugehörenden Brühe. Im sorbischen und ehemals sorbischen Sprachgebiet um Bautzen erhalten die Hochzeitsgäste eine Suppe mit Eierstich, Fleischklößchen und Gemüsestreifen.

Rezept für Hochzeitssuppe

Zutaten

1	Suppenhuhn
2	Möhren
1 Stg.	Porree
1	kleine Sellerieknolle
1	kleiner Blumenkohl
	Petersilie

für Leberklöße

200 g	Rindsleber
1	Ei
50 g	geriebene Semmel
	Salz, Muskat, Pfeffer

für Eierstich

4 - 6	Eier
1 Tasse	Milch
	Salz, Muskat

Zubereitung

Das Suppenhuhn, frisch oder gefrostet, wird in ca. 2,5 l Salzwasser angesetzt und 1,5 Stunden gekocht. Das Gemüse (Porree, Sellerie, Möhren) wird dazu gegeben und mit der Henne so lange gekocht, bis sie weich ist. Anschließend nimmt man das Fleisch aus der Brühe und gießt sie durch ein Sieb ab. Das Gemüse wird in Streifen geschnitten. Blumenkohl braucht zum Weichwerden weniger Zeit. Die *Riesl* (Blumenkohlröschen) kocht man parallel dazu in einem anderen Topf. Zum Schluss gibt man das Gemüse und den Blumenkohl wieder in die Brühe. Bei Bedarf kann nachgesalzen werden. Das gekochte Huhn ist für Frikassee bestimmt oder wird anschließend gebraten.
Zum Schluss kommen noch der Eierstand (Eierstich) und die Leberklößchen in die Suppe. Nun die Leberklößchen: Die Leber wird durch den Wolf gedreht und mit Ei, Muskat, Salz, Pfeffer und geriebener Semmel gut vermengt. Danach formt man *Kließl*, gibt sie in etwa 1 l kochendes Salzwasser und gart so lange, bis sie an der Oberfläche schwimmen. Zur Zubereitung des Eierstichs werden 4 bis 6 Eier in einem Topf verquirlt, eine Tasse kalte Milch eingerührt und gesalzen. Das Gefäß wird zugedeckt und in ein kochendes Wasserbad gestellt. Man lässt auf kleiner Flamme weiterkochen, bis die Masse fest ist. Der fertige Eierstand wird gestürzt, in kleine Würfel geschnitten und der Brühe zugefügt. Vor dem Servieren bestreut man die Hochzeitssuppe mit gehackter Petersilie.

Brutmahlsuppe (Brotmehlsuppe)

Brotmehlsuppe aßen früher die armen Leuten zum Frühstück. Den Roggen bezeichnet der Oberlausitzer als *Kurn* (Korn) und das Roggenmehl als *Brutmahl* (Brotmehl). Früher wurde zum Brotbacken kein Mischmehl, sondern der Sauerteig aus Roggenmehl zubereitet. Roggen war das wichtigste Getreide in Deutschland. Das Roggenmehl wird mit Milch oder Wasser gekocht und mit Salz oder Zucker gewürzt. Beim Einquirlen des Mehls ins kochende Wasser bilden sich manchmal Klümpchen, so dass die Suppe abfällig auch *Klimpl-* oder *Klimpslsuppe* genannt wird. Zu der Suppe isst man eine Schnitte, die zerstückelt als *Eibroackche*, *Fieder* oder *Fiedl* in die Suppe gegeben werden kann.

Brutsuppe (Brotsuppe)

Brotsuppe wird aus den Resten alten Brotes, zumeist unter Zusatz von Wasser, Salz, Pfeffer und manchmal auch Knoblauch und etwas Fett, zubereitet. Statt Wasser verwendet man auch andere Flüssigkeiten, wie Bliemlkoaffee. Eine Wassersuppe ganz ohne Fett nennt der spottende Oberlausitzer *Blindn Hund*, weil kein Fettauge zu sehen ist. Er sagt dann scherzhaft: „*Do guckn miher Oogn raus oas rei!*"

Gaale Suppe (Gelbe Suppe)

Der Kindtaufschmaus heißt heute noch in der Oberlausitz *Kindlbrut*, *Kindlbier* oder *Kindlsuppe*. Mit dem Kindelbier begann das Taufessen, das der *Kindlbrutvoater* in einer blauen Schürze und einer Zipfelmütze servieren musste. Bei der *Kindelsuppe* handelte es sich um eine Bier- oder Milchsuppe, die mit Zucker, Eiern, kleingewürfelten Semmeln und dem Gewürz und Gelbfärbemittel *Soaffer* (Safran) zubereitet wurde. Daher hieß die Suppe auch *Gaale Suppe* (Gelbe Suppe) oder *Gaale Tunke*.

Bartsdurfer Suppe (Bertsdorfer Suppe)

Darunter verstehen die meisten Bewohner im Raum Zittau eine mit Pilzen vergiftete Suppe, an der ein Bräutigam auf einer Bertsdorfer Hochzeit ums Leben gekommen sein soll. Nach anderen Aussagen ist die Bezeichnung in Waltersdorf entstanden, weil die Toten auf dem dortigen Friedhof so begraben werden, dass ihre Köpfe nach Westen und ihre Füße nach Bertsdorf (Osten) zeigen. Die „Bertsdorfer Suppe" ist nach dieser Auslegung die letzte Suppe im Leben eines Menschen. Wenn jemand eine solche Suppe nicht essen will, möchte er noch etwas leben.

Roammsche Suppe (Buttermilchsuppe mit Arsenik)

Christiane Fichte vergiftete ihren Mann Johann Fichte mit Arsenik, das sie am 1. April 1817 in eine Buttermilchsuppe rührte. Ihr Liebhaber, Gottlieb Kunze, hatte es zu diesem Zwecke bereits 1816 in der Apotheke in Bischofswerda gekauft. Die Mörderin und Kunze sollten mit dem Rade hingerichtet werden. Nach mehreren Berufungen wurden beide am 4. Dezember 1818 mit dem Schwert geköpft.
Wenn Sie in einer Gaststätte in *Roamm* (Rammenau) diese Suppe einmal probieren möchten, dann verlangen Sie für sich selber: „Eine Rammsche Suppe ohne Arsen."

Eibroacke und Mährte
Eingebrocktes

Süße Suppen, meist aus Obst oder Früchten angerichtet, kommen an heißen Tagen als Kaltschalen auf den Tisch und sind durststillend und erfrischend. Eingebrockte Brot-, Semmel- und Zwiebackstücke in Bier, Buttermilch, Kaffee, (saure) Milch, Schnaps, Wasser oder Wein unter Zugabe von Zucker, mitunter auch von Früchten, Rosinen, Mandeln oder Eiern nennt der Oberlausitzer *Eibroackche, Eibroacke, Broacks, Broackei, Gebroacktes, Fiedl, Fiedchl* und *Fieder,* der West- und Ostlausitzer auch *Mährte* (Mischmasch) oder *Mahrte.* Besonders beliebt sind *Biermährte, Schnoapsmährte, Birnmährte* oder *Birntunke, Milchmährte* oder *Sammlmilch* (Semmelmilch). Aber nicht nur süße, sondern auch alle anderen Suppen, in die Brot gebrockt wird, bezeichnet der Oberlausitzer als *Eibroackche* oder *Fiedlsuppm.*

Zwee Oogn a dr Sammlmilch

Do will´ch euch oack a Dingk aus dar Zeit derzähln, wu dr Grußvoater vu menn Gruß-voater noa labte. Plumpemoarschner aus Klepperschwaale hutte de Mäuer derheeme, die´n sei Häusl vierrichtn misstn. ´s woar a heeßer Tag. Do meente de Jule, woaas de Plumpe-moarschnern woar: „Iech war euch zun Mittche Sammlmilch machn, doaas is dr beste Froaß ba dar Britte." Gesoit, geton. Se gingk ann Kaller runder und hulte de Melkgelte mit dr Milch ruff, schutte Zucker rei und schneet Sammln a de Milch. Wie dr Kirchseeger zwelfe schlug, ruffte se ´s ganze Chur zun Assn.
Mittlst uff´m Tische stund de Gelte und dr Plumpemoarschner, dr Schafermäuer, sei Geselle, und Moarschner sei Knaajcht lefflten zechim de Sammlmilch aus´n Noappe. Su gingk doaas anne Weile. ´s woarrn o schunn vier Kleckerboahn uff´m Tische zu sahn. Uff eemol huppte dr Mäuer a de Hiht, pfafferte ´n Leffl hie und bläkte: „A Froosch!" Und su woar´sch o. Acht Oogn gucktn a de Sammlmilch rei und zwee-e raus. Oalle toat´s schuttln, oack´n Gesselln ne. Dar packt´n Froosch benn Beene und schub´m durch´s Fanster uff de Bätl. Derno oaß´r wetter und schloabberte, woaas ees oack schloabbern kunnde. De andern Moannzn froit´n, ebb´r´ch denn goar ne ekln täte. „Nee", soite dr Geselle und leffelte, bis dr letzte Truppm raus woar. „Iech verstih euch ne", soit´r zerletzt, „euch hoat´s geschmackt, wie dr Froosch noa hinne gewast is, woarum sull´s´n nu ni mih schmeckn, wu´r raus is?"

Britte:	Hitze	schub´m:	schob ihn, warf ihn
Melkgelte:	Melkgefäß	ebb´r´ch:	ob er sich
zechim:	abwechselnd, der Reihe nach		

Katl-, Rutkatl-, Katlbeer-, Fliederbeer- oder Fliedersuppe
Holundersuppe

Vom Westteil abgesehen wird in der Oberlausitz, der Niederlausitz, in großen Teilen Schlesiens und in Norddeutschland der Holunder auch „Flieder" genannt. Seine Früchte bezeichnet man auch als Fliederbeeren. Erst als im 16. Jahrhundert der heutige Flieder (Syringa) von den Arabern über Spanien nach Deutschland kam, wurde die Bezeichnung „Flieder" auf diesen Baum übertragen und der alte Flieder (Sambucus nigra) offiziell als „Schwarzer Holunder" bezeichnet. Im Ostteil der ehemaligen Amtshauptmannschaft Zittau und in den Dörfern um Görlitz werden die Holunderbeeren *Katlbeern* genannt. Wahrscheinlich handelt es sich dabei um eine Umdeutung des Wortes *Koadl* (Ruß), der sich durch kräftiges Schwarz auszeichnet, denn auch die Wacholder- und Brombeeren sollen bisweilen so benannt worden sein. Die Holunderbeeren, der Holundersaft und der Tee aus der Rinde und den Blütenständen gelten heute noch als erkältungshemmendes, schmerzlinderndes und fiebersenkendes Hausmittel. Unsere Großmütter pflückten im Spätsommer die Holunderdolden und bereiteten für ihre Familie Holundersuppe zu.

Rezept für Holundersuppe

Zutaten für 4 Portionen

1 kg	Holunderbeeren
1	Zitronenschale
1 Pr.	Salz
2 EL	Weizenmehl
5 EL	Zucker
125 ml	Rotwein oder Apfelsaft
2 TL	Zimt
1	Semmel
1 EL	Butter
1 Stg.	Zimt
	Nelken

Zubereitung

Die abgestreiften Holunderbeeren werden mit der Zitronenschale, der Zimtstange, einigen Nelken und dem Salz in 1 bis 1,5 L Wasser etwa 30 Minuten, zugedeckt, langsam gekocht. Man zerdrückt die Beeren und gießt den Saft durch ein Sieb. Die Suppe wird mit dem Weizenmehl gebunden und mit Zucker und Rotwein etwa 15 Minuten durchgekocht. Man schmeckt mit Zitronensaft, Zimt und Zucker ab. 1 Schuss Milch mildert die Suppe.
Eine Semmel wird in Würfel geschnitten und in Butter geröstet. Die Holundersuppe wird heiß als Suppe oder kalt als Kaltschale serviert und mit knusprig gerösteten Semmelstücken oder zerbröckeltem Neukircher Zwieback bestreut.

Schwoarze Tunke oder Schwoarztunke
Schwarze Tunke

Im 19. Jahrhundert zählte Schweine- oder Gänsefleisch mit Kartoffeln und Schwarzer Tunke zu den sorbischen Nationalgerichten. Es handelt sich hierbei um eine süß-säuerlich zubereitete Soße, Brühe oder Suppe aus Gänse- oder Schweineblut, Mehl, Rosinen, Majoran und Essig. Sie durfte noch in den 30er Jahren des vorigen Jahrhunderts in der Preußischen Oberlausitz auf keiner Feier fehlen. Als Suppe bildete es sogar manchmal den 1. Gang einer Speisefolge und wurde als „Brautsuppe" noch vor dem traditionellen „gekochten Rindfleisch mit Meerrettichtunke" aufgetragen. Die Deutschen nannten dies Kost *„Windsche Tunke"* (Wendische Soße) und bereiteten die Schwarztunke aus Pflaumen- und Kirschmus her. Heute wird als Braut- oder Hochzeitssuppe eine Suppe mit Leber- oder Grießklößchen und Eierstich serviert.

Soll es zu Weihnachten Gänsebraten geben, setzen manche Hausfrauen ihrer Familie Schwarztunke mit Gänseklein am Heiligabend zu Mittag vor.

In Schleife/OL bereitet man Schwarze Brühe wie folgt zu:

Das Gänseklein kocht man in Salzwasser weich. Im Tiegel wird Butter zerlassen, mit Mehl bestäubt und unter ständigem Rühren eine dicke Schwitze bereitet. Man quirlt sie in die Brühe mit dem Gänseklein ein und kocht auf. Mit Pfeffer, Zucker, Essig und vielleicht noch etwas Salz wird süßsauer abgeschmeckt. Das Blut einer frischgeschlachteten Gans gibt man in einen kleinen Topf und lässt es im siedenden Wasserbad gerinnen. Das geronnene Blut wird in Würfel geschnitten und in die Brühe gegeben. Die nebenher zubereiteten Pellkartoffeln schneidet man in Scheiben und verteilt sie in tiefen Tellern. Nun wird die Schwarze Brühe über die Kartoffeln gegossen. *"Farrtch!"*

Bier, Schlickermilch und Koaffeelurke
Bier, Buttermilch und Ersatzkaffee

Bis ins 18. Jahrhundert war das wichtigste Getränk unserer Vorfahren Bier mit einem Alkoholgehalt von unter 2 Prozent. Dieses Dünn- oder Nachbier wurde auch von Knechten und Mägden, Greisen und Kleinkindern getrunken und in der Oberlausitz *Lampel, Kofent* oder *Langwell* genannt. Das Grundwasser in den Städten und Dörfern war durch Abwasser und Jauche ungenießbar und konnte nur abgekocht getrunken werden. Nur reiche Bürger und Bauern, die sich einen eigenen *Burn* (Born, Brunnen) leisten konnten, hatten auch frisches *Burnwoasser* zur Verfügung. Das Vespern war kein Kaffee-, sondern ein Biertrinken, das Kaffeekränzchen ein Bierkränzchen. Zur Herstellung dieses Dünnbieres verwendete man die zur Produktion des Starkbieres benutzte Gerste, den Weizen oder den Hopfen noch ein zweites Mal und setzte einen weiteren Sud auf. Aus diesem Biernachguss bereitete man auch Biersuppe (Eintopf), Warmbier und Zuckerbier zu.

Das Recht des Bierbrauens hatten in der Oberlausitz die Braubürger der Sechsstädte, die Klöster und einige Feudalherren. Nur der Erbrichter im dörflichen Kretscham oder im Erbgericht hatte das Schankrecht. Um die Bier brauenden Städte zog sich eine Bannmeile von mehreren Kilometern, in denen kein anderes Bier ausgeschenkt werden durfte. Aufgrund dieses Meilenrechtes kam es zwischen Zittau und Görlitz zum Bierkrieg und zwischen Zittau und Löbau zum Bierstreit. Der Haupterwerbszweig der Oberlausitzer Sechsstädte war lange Zeit der Bierverkauf. Bei einer großen mehrtägigen Hochzeit wurden im Sommer nicht selten 5000 Liter Bier ausgeschenkt.

Besonders bei den Großbauern und auf den Rittergütern war wohl die Milch das wichtigste Getränk. Frische Vollmilch erhielten die Kleinkinder und die Kranken. Die Magermilch bezeichnete man früher als *Oabgenummne Milch*, weil man mit der Hand oder einem Flachlöffel den Rahm von der Milch abgeschöpft hat.

Die Knechte und Mägde mussten sich mit Buttermilch, *Schlickermilch* (ungekochte dicke, saure Milch, auch Buttermilch), *Moatn* (Milchflocken, Milchhaut) oder *Mulke* (Molke) begnügen. Erst als die *Schlicker-* oder *Schlippermilch* für die Schweinezucht Verwendung fand, bekamen die Hofeleute „Kaffee" vorgesetzt. Bei fünf Mahlzeiten am Tage gab es zweimal Milchmehlsuppe mit Brot zum Einbrocken und zweimal Schnitten mit Milch. Welche Abwechselung! Jeder Magd und jedem Knecht auf dem Gutshof standen in Abhängigkeit von der geleisteten Tätigkeit täglich 1,5 bis 5 Liter Milch zu. Die Milch wurde auch zur Butter-, Quark- und Käseherstellung verwendet und als Milchsuppe, gesüßt oder gesalzen, als Milchmehlsuppe oder als Semmelmilch gelöffelt. Die Häusler, Klein-gärtner, Handweber und Dorfhandwerker tranken Ziegenmilch.

Die Dorfbewohner, die ein eigenes Grundstück besaßen, bauten auch Obst an. Auf dem Lande trank man Apfel- und Birnensaft und eigene Weine aus heimischen Obstsorten.

Aufgussgetränke, wie Tee, waren vor noch nicht allzu langer Zeit weniger zum Durststillen, sondern vielmehr als Medizin bestimmt. Man bereitete bei Durchfall, Blasenleiden, Husten und Blutspeien aus den Blütenköpfen des Ackerklees (*Speimaizl oder Speimiezl*) den *Miezltee* her.

Ich musste in den 1950er Jahren für meine Mutter immer wieder Kräuter für Tee pflücken. Tee aus Kamillenblüten, Pfefferminze oder Hagebutten oder *Dreierleetee*, einem Gemisch aus Kamille, Schafgabe und Salbei, gab es jeden Abend. Aber auch Weißdornblätter mit Blüten, Brombeer- und Birkenblätter, Spitzwegerich, Zinnkraut (Ackerschachtelhalm), Schafgarbe, Johanniskraut, Huflattich, Brennnessel, Löwenzahn, sowie Holunder- und Lindenblüten musste ich sammeln. Die Blüten, Pflanzen oder Blätter wurden meist auf dem Boden getrocknet und im Krankheitsfalle zu Tee aufgegossen. Noch zu Beginn des 19. Jahrhunderts kehrte man den *Heisom* (Heusamen, Heureste) auf dem Scheunenboden zusammen und brühte ihn im Winter zu Tee auf, um die aufsteigenden Dämpfe als Heilmittel bei Erkältung einzuatmen.

Im 18. Jahrhundert setzte sich in Deutschland nach und nach der Bohnenkaffee durch. Hierbei handelt es sich um ein schwarzes, die Psyche des Menschen beeinflussendes, koffeinhaltiges Heißgetränk, das aus gerösteten und gemahlenen Kaffeebohnen hergestellt wird. Der Kaffee war ursprünglich sehr teuer. Nur betuchte Bürger konnten ihn sich leisten. Die arme Bevölkerung suchte nach billigen Alternativen und brannte und mahlte Zichorienwurzeln, Rüben und Getreidekörner (Gerste, Roggen, Weizen) zu billigem, koffeinfreiem Kaffee-Ersatz.

In der Oberlausitz wurde er stark mit Milch verdünnt und als Milchkaffee aufgetafelt. Im Handel wurde der Ersatzkaffee als Muckefuck, Malzkaffee und Zichorie angeboten. Der spottende Oberlausitzer bezeichnete ihn auch als *Lurke, Lujtche, Lujtte, Schloarre, Schlerre, Schlurre, Schlirre, Schlurke, Schlurks, Schluze, Schwuze, Sutsche, Runkltunke, Runkl, Zigoarrntunke, Kernlkoaffee* oder an das Sächsische anlehnend als *Bliemlkoaffee*. Der Kaffee fand in den Städten und Industriedörfern der Oberlausitz schneller Eingang als in den Bauerndörfern, in denen reichlich Kuhmilch zur Verfügung stand. In der kalten Jahreszeit stand immer ein Krug mit Kaffee in der oberen Ofenröhre, der tagsüber warm gehalten wurde und im Volksmund *Äberrihrtunke* oder *Äberrihrbrihe* genannt wurde.

Vor einigen Jahren erzählte mir ein alter Oberlausitzer aus der Zeit seiner Urgroßeltern folgende Geschichte:

„Es gab früher weder Würfel- noch klaren Zucker, sondern nur

Suppen

Zuckerkernl (Kandiszucker). Der Vater nahm das Zuckerstückchen in den Mund, trank einen Schluck aus dem *Koaffeetippl* (Kaffeetöpfen) und ließ den Kaffee genüsslich über den Zucker laufen. Dann nahm er ihn heraus und reichte ihn der Mutter. Die machte es geradeso. So wanderte das *Zuckerkernl* um den ganzen Tisch herum von Mund zu Mund. Von jemandem, der ein Stück Würfelzucker während des Kaffeetrinkens im Munde behält, heißt es heute noch:

„*Dar tutt'n Koaffee ieber'sch Kernl schlurfm.*"

In Kaffeesachsen trinkt man den Kaffee aus einer Obertasse, in der Oberlausitz *Keppchl* oder *Keppl* genannt. Die dazugehörige Untertasse heißt Schälchen, in der Oberlausitz das *Schalchl* oder *Schalchn*. Zum Trinken wurde der Kaffee aus der Obertasse in die Untertasse gegossen, die man zum Munde führte. Somit trank man und trinkt heute noch in Sachsen *ä Schälchn Heeßn,* in der Oberlausitz *a Schalchl Heeßes.*

Der Zittauer Lehrer und Organist, Carl Gottlieb Hering, warnte vor 200 Jahren die Kinder vor den Folgen des Kaffeegenusses mit seinem berühmten Kaffeekanon:

C-a-f-f-e-e, trink nicht so viel Kaffee!
Nicht für Kinder ist der Türkentrank,
schwächt die Nerven, macht
dich blass und krank.
Sei doch kein Muselmann,
der ihn nicht lassen kann!

Koaffeejauche
von Hans Klecker

„Woaas bist du fer a Weiberhacksch",
derbust´ch de Schneider, Hoanne.
„Du bist doa keene Buhne wart",
su soit se grätch zun Moanne.
„Iech bie dr keene Buhne wart",
pfuzt jerr mit Wut ann Bauche,
„doaas is mer schunn gewoahr gewurn
a denner Koaffeejauche."

Koaffeejauche:	minderwertiger, dünner Kaffee
Weiberhacksch:	Schürzenjäger
derbust´ch:	erbost sich
Buhne:	Bohne
grätch:	giftig wie eine Kröte, gereizt
pfuzt jerr:	faucht jener

Gebackenes

Äberlausitzer Kasekuche
Oberlausitzer Käsekuchen, Hausfrauenrezept

Käsekuchen ist nicht gleich Käsekuchen. Verlangen Sie irgendwo in Deutschland beim Bäcker Käsekuchen, dann erhalten Sie Quarkkuchen. Einem Brautpaar, das seine Hochzeit im benachbarten Böhmen gefeiert und Käsekuchen für die Hochzeitstafel bestellt hat, tischte man unter diesem Namen einen mit Käsescheiben belegten Kuchen auf. So etwas kann Ihnen in Oberseifersdorf, Hainewalde, Neueibau oder Beiersdorf nicht passieren.

Der Quarkkuchen wird deutschlandweit „Käsekuchen" genannt, so auch im Nord-, Nordost- und Westteil der Oberlausitz. Der eingesessene Oberländer jedoch, besonders der in den Altkreisen Löbau und Zittau, unterscheidet streng zwischen *Quoark-* und *Kasekuche*, obwohl auch zur Zubereitung des Oberlausitzer Käsekuchens viel Quark benötigt wird. Während beim Quarkkuchen der fertige Magerquark unbehandelt zum Einsatz kommt, kocht man ihn beim Käsekuchen kurz auf und lässt ihn in einem Leinentuch oder -säckchen einen bis sieben Tage abtropfen. Dabei verliert der Quark seinen säuerlichen Geschmack. Die dadurch gewonnene harte Käsemasse wird in einer Reibemühle krümelig gemahlen. Für die Zubereitung des Käsekuchens wird mehr Quark benötigt als beim Quarkkuchen, weil durch das Aufkochen und Trocknen der Quark an Volumen und Gewicht verliert. Die Oberlausitzer Heimweber stellten selbstverständlich den Quark aus Ziegenmilch her, bevor sie ihn zum Käse weiter verarbeiteten. Sicherlich kam zu Urgroßmutters Zeiten, wie auch bei der Quarkherstellung, eine Quarkquetsche zum Einsatz, die auf mechanischem Wege die Molke aus dem Quark herausquetschte.

Das zeitraubende Abtropfen umgeht der Bäcker durch Quetschen oder Pressen. Er schlägt den gekochten Quark in ein großes Tuch ein und breitet es über ein Sieb aus. Nun wird der eingebundene Quark mit Kuchenbrettern abgedeckt, die mit Gewichten und vollen Wassereimern beschwert werden. In den großen Backstuben verwendet man zur Zubereitung des Kuchenbodens auch keinen Mürbeteig, wie die meisten Hausfrauen, sondern Hefeteig. Jeder Bäcker hält sein Käsekuchenrezept geheim. Die Leute erzählen sich verrückte Geschichten über die Tricks, mit denen sich die Bäcker untereinander die Rezepte abgekupfert haben sollen.

Brauchtum

Zur Kirmst, zum Schissen, zu Schulfesten oder auf anderen Dorf- und Vereinsfesten wurden und werden Drehräder zur Kuchenverlosung, sogenannte *Kuchnradl*, aufgebaut. Der Kuchenmann oder die Kuchenfrau will die nummerierten Holzbrettchen an Besucher verkaufen und ruft über die Festwiese: *„De Bratl rei!"*

1. Rezept für Käsekuchen

Im Raum Hainewalde, Großschönau bereitet man den Käsekuchen folgendermaßen zu:

Zutaten für den Kuchenboden (Mürbeteig)

150 g	Mehl
65 g	Margarine
65 g	Zucker
1	Ei
1 TL	Backpulver

Zutaten für den Kuchenbelag

1,5 kg	Magerquark
250 ml	Schlagsahne, ungeschlagen
100 g	Butter
100 g	Zucker
3	bittere Mandeln gerieben
3	Eier

In anderen Rezepten werden dem Belag auch noch Rosinen, Sultaninen oder Vanillezucker zugesetzt.

Zubereitung

Alle Zutaten für den Kuchenboden werden zu einem Teig verknetet, der etwa 30 Minuten in den Kühlschrank gelegt wird. Man fettet eine Springform aus und bestreut sie mit Mehl. Der Teig wird gleichmäßig auf dem Boden verteilt und der Rand hochgezogen. Den Quark für die *Uftue* (Belag) bringt man mit etwas Wasser zum Kochen und gibt ihn in ein Leinensäckchen oder Leinentuch. Das Tuch wird an vier Beinen eines umgedrehten Stuhles oder Tisches über einer Schüssel 24 Stunden in einem kühlen Raum aufgehängt. Dabei trocknet der Quark aus, wird käsig und hart. Man mahlt ihn in einer Reibemühle *brinklch* (krümelig, körnig).

Zur Zubereitung des Belages rührt man Butter, Zucker und Ei schaumig, fügt die Schlagsahne, die bitteren Mandeln und zum Schluss den „Quark" oder „Käse" hinzu. Dieser kommt auf den Boden und wird bei 180 °C 60 Minuten gebacken. Den fertigen Käsekuchen bestreicht man zum Schluss mit zerlassener Butter.

2. Rezept für Käsekuchen

Ein weiteres Rezept liegt mir aus Neueibau vor. Danach wird der Kuchenbelag aus folgenden Zutaten hergestellt:

Zutaten:
1 kg	gekochter, gehärteter und geriebener Quark (Käse)
	etwas frischer Quark
400 g	Butter
400 g	Zucker
200 g	Speisestärke
6 bis 7	Eiern

Alle Zutaten werden knetend zubereitet und auf einem Hefeteig als Grundteig gleichmäßig verteilt. Zum Schluss werden einige Rosinen darüber gestreut und der Kuchen 45 Minuten bei 190 °C gebacken.

Das 1 kg Quark (Käse) wird folgendermaßen gewonnen:
Es werden 2 kg Magerquark in ein Tuch gegeben, den man fest ausdrückt und in kochendem Wasser etwa 20 Minuten kochen lässt. Man nimmt den Quark mit dem Tuch heraus, lässt ihn abtropfen, drückt ihn aus und beschwert ihn, damit die restliche Flüssigkeit besser ablaufen kann. Der Quark wird ein bis zwei Tage auf einem Teller getrocknet und anschließend gerieben.
Der *Kasekuche* fühlt sich im Mund an, als ob man auf kleine Grießkörnchen beißt.

Babe
Bäbe, Napfkuchen, Topfkuchen, Gugelhupf

Es gibt wohl deutschlandweit für ein Gebäck kaum so viele Bezeichnungen wie für die Bäbe, in der Oberlausitz Babe genannt, seltener *Oabgerihrte* oder *Oaschkuchn*. Es ist aus dem sorbischen Wort „babka" hervorgegangen. Die Bezeichnung *Bäbe* oder *Babe* für den Napfkuchen rangiert im Gebiet zwischen Görlitz, Dresden und Chemnitz von allen Synonymen auf dem 1. Platz. Im ostmitteldeutschen Sprachgebiet (Thüringen, Sachsen, Oberlausitz, Schlesien) ist auch der Name „Aschkuchen" verbreitet. Allerdings wird er in keiner Region so häufig verwendet wie im Raum um Halle, Leipzig und Westerzgebirge. Der Name rührt vom dem Wort „Asch" her, womit der Thüringer, Sachse und Oberlausitzer einen runden oder ovalen tönernen Napf bezeichnet.

In beiden Lausitzen und in Schlesien hört man auch oft die Bezeichnungen Abgerührte, mundartlich *Oabgerihrte* oder *Oabgeruhrte*, weil es bei der *Bäbe* um einen Rührkuchen handelt, der von besonders tüchtigen Hausfrauen bis zu einer Stunde mit der Hand gerührt wird. Im Raum Zwickau/Plauen wird er auch „*Reibasch*" und südlich davon, wie im benachbarten Bayern, „*Gugelhupf*" genannt. Weitere Bezeichnungen sind Rühr-, Bund-, Rodon-, Sand-, Marmor-, Rosinen- und Königskuchen, wobei es sich dabei auch um längliche Formen handeln kann, die der Oberlausitzer bisweilen auch *Pfannl* nennt. In einigen Familien in den Dörfern an der böhmischen Grenze wird zwischen „*Buchte*" und „*Buchteln*" unterschieden. Hier versteht man unter einer Buchte eine *Bäbe* und unter den *Buchtln* Dampfnudeln.

Die Bäbenbackform hat das Aussehen eines hohen, schräg gefurchten Napfes mit einer kaminartigen Öffnung in der Mitte und ähnelt der klassischen Puddingform. Damit ist der Teig gleichmäßiger der Backhitze ausgesetzt.

Humorvolles aus der Oberlausitz

Mei Grußvoater machte Urloob a dr Ustsee. Uff eemol krigt´r Sähner uff a Streefl Kuchn. A gingk zun Bäckn und verlangte: „A Stickl Babe!" De Verkeefern guckte ganz eegn und soite: „Haben wir nicht!" „Woaas, ihr hoat keene Babe? Woaas is´n doaas diche dohiebm, haa?" „Das ist Königskuchen." „Meine Gitte, Kienchskuchn sull doaas senn! Mir hoann de Kienche oabgeschoafft. Ba uns heeßt doaas Babe."

Sähner:	Appetit, Heißhunger	*doaas diche:*	dieses
Verkeefern:	Verkäuferin	*dohiebm:*	da, hier, dort
eegn:	eigenartig, seltsam, genau	*Gitte:*	Güte
		Kienche:	Könige

Rezept für Babe

Zutaten für Teig und Rührmasse

150 g	Rosinen (Sultaninen)
4 EL	Rum
500 g	Weizenmehl
30 g	Hefe oder
2 TL	Backpulver
200 g	Zucker
200 ml	Milch, warm
200 g	Butter
4	Eier
150 g	süße Mandeln gehackt

etwas Zitronensaft und geriebene Schale

Glasur

200 g	Staubzucker
30 g	Butter
2 EL	Wasser, heiß

Zubereitung

Die Rosinen werden gewaschen und mit Rum übergossen. Das Mehl siebt man in eine Schüssel und drückt in seine Mitte eine Vertiefung. Nun wird die Hefe mit einem Teelöffel Zucker in etwas lauwarmer Milch verquirlt und in die Vertiefung gegossen. Man stäubt etwas Mehl darüber, deckt die Schüssel zu und lässt die Mischung an einem warmen Ort 30 Minuten gehen. Diesen Vorteig nennt der Oberlausitzer *Häfesteckl* (Hefestock). Nun werden Butter, Zucker und Eiweiß schaumig geschlagen oder gerührt und wie der Zitronensaft, das Eigelb und die Mandeln auf den Mehlrand gegeben und das Mehl von der Mitte aus mit den Zutaten vermengt. Zum Schluss gibt man die Rosinen dazu. Nun knetet man den Teig so lange durch, bis er glänzt. Die Schüssel mit Teigmasse wird nun zugedeckt an einem warmen Ort abgestellt. Nach einer Stunde knetet man den Teig ein letztes Mal durch und füllt ihn in eine ausgebutterte und mit Semmelbröseln ausgestreute Bäbenform. Man bäckt im vorgeheizten Backofen bei 190°C etwa 60 Minuten. Der Backprozess ist abgeschlossen, wenn keine Teigteile an einem glatten Holzstab, der in den Kuchen gestochen wird, kleben bleiben. Den für die Glasur gesiebten Staubzucker rührt man mit 2 Esslöffel heißem Wasser glatt und gibt etwas zerlassene Butter unter Umrühren dazu. Die Bäbe wird nun aus der Backform gestürzt und mit der Glasur überzogen.

Variationen

In der Westlausitz um Bischofswerda wird den geladenen Trauergästen traditionell zur *Trauermohst* (Leichenschmaus) Bäbe aufgetischt. Sie wird im Volksmund *Häfmbabe* oder *Leichnbabe* genannt. Es handelt sich hierbei um einen Napfkuchen mit wenig Zutaten und Hefe als Triebmittel. Bei einer solchen klassischen *Bäbe* wird auf Milch, Mandeln, Rosinen mit Rum, Zitrone und Butter in der Glasur verzichtet. Einen mit sehr viel Rosinen gebackenen Napfkuchen bezeichnet man auch als *Rusinknbabe*.

Das Wort *Babe* wird in der Oberlausitz auch regional für die „Hebamme", für „eine alte geschwätzige Frau" und im übertragenen Sinne für ein „dickes Gefäß" verwendet.

Aus Schlesien ist die Bezeichnung *Mohbabe* in die Oberlausitz geschwappt. Es handelt sich hierbei um einen Hefekuchen, der einen Anteil Mohnmasse enthält. Als *Mohbabe* wird auch eine schwerfällige, langweilige Frau bezeichnet.

Kuche verradern
von Hans Klecker

(als Lied vertont von Karl-Heinz Schneider)

De Bratl rei, de Bratl rei,
ihr Leute keeft oack ees!
Lusst oack die diche Gunkserei,
oansunstn krigt´r kees!
Is Radl dräht´ch glei im a Ringk,
vill Kuche is noa do:
Vu Kase, Sträsl und vu Pflaum,
vu Zucker, Klecks und Moh.

Fer jeds wird´ch schunn a Bratl finn,
zwee Bratl anne Moark.
Mer leiern itz ´n Hauptgewinn,
doaas is a Streefl Quoark.
Is Radl dräht´ch glei im a Ringk,
vill Kuche is noa do:
Vu Kase, Sträsl und vu Pflaum,
vu Zucker, Klecks und Moh.

Senn oalle Kuchnstreefl furt,
do mach mer noa mol mit,
weil´s nu im´s Zuckerguschl durt
benn Kuchnroade gitt.
Is Radl dräht´ch glei im a Ringk,
kee Kuche is mih do,
kee Kase, Sträsl und kee Plaum,
doach Bäckns junge Froo!

Kuche verradern:	Kuchenrad betätigen
Bratl:	Brettchen
die diche:	diese
Gunkserei:	Gedrängel, Stoßen mit dem Ellbogen
im a Ringk:	um den Kreis herum
Kase:	Käsekuchen
Sträsl:	Streuselkuchen
Moh:	Mohnkuchen
Streefl:	Stückchen
Bäckns junge Froo:	junge Frau des Bäckers

Brut aus Sauerteeg
Brot aus Sauerteig

Das traditionelle Brotgetreide ist der Roggen, in der Oberlausitz *Kurn* (Korn) genannt. Der Oberlausitzer nennt das Roggenmehl auch *Brutmahl* (Brotmehl), auch wenn sein Anteil an der Brotproduktion immer mehr schwindet. Das beliebteste Brot in Deutschland ist das Mischbrot mit einem 1:1-Mischungsverhältnis von Roggen und Weizen. Roggen wird aufgrund seiner Winterfestigkeit, Unempfindlichkeit gegen Nässe und Trockenheit und Anspruchslosigkeit bezüglich der Bodenqualität in erster Linie in Deutschland, Polen, Russland und in den skandinavischen Ländern angebaut. Er war im Mittelalter die wichtigste Getreidesorte in Deutschland. Besteht das Brot überwiegend aus Roggenmehl, wird es wegen seiner dunklen Farbe als *Schwoarzbrut* (Schwarzbrot) bezeichnet. Im Gegensatz zu Weizen lässt sich Roggen nur als Sauerteig zu Brot verbacken.

Der Sauerteig entsteht aus einem Gemisch von Mehl und Wasser unter Einwirkung von Wärme und bestimmten Mikroorganismen, die sich im Mehl und in der Luft befinden, wie wilde Hefen und Essig- und Milchsäurebakterien. Er wird als Triebmittel zur Lockerung von Backwaren zugefügt und macht den Roggenteig erst backfähig.

Weizenmehl lässt sich gesäuert und auch ungesäuert zu Brot verbacken. Das Weißbrot, das aus ungesäuertem Weizenmehl zubereitet wird, nennt der Oberlausitzer auch *Sammlbrut* (Semmelbrot).

Verwendung des Brotes

Das Brot war und ist das wichtigste Grundnahrungsmittel in Deutschland. Nach einer wissenschaftlichen Studie aus dem Jahr 1890 über die Ernährung der Handweber in der Amtshauptmannschaft Zittau betrug sein Anteil an der Energiezufuhr 55 %, der Anteil der Kartoffel 35 %. Vom Mittagessen abgesehen, wurde zu jeder Mahlzeit Brot gereicht, teils als Schnitte, mit Butter, Quark, Käse *(Quargl)*, Fett, Sirup oder süßem Obst- und Beerenmus beschmiert, teils auf der Herdplatte oder im Tiegel als *Bäh-* oder *Bränzlschniete* gebrutzelt oder als *Brutfiedl, Brutfieder, Eibroackche* oder *Eibroacke* in Suppen, Breie und Kaltschalen eingebrockt. Dazu trank man *a Tippl Butter-* oder *Ziegemilch*, *a Tippl Koaffee* aus gerösteter und gemahlener Gerste oder Weizen, Rüben, Möhren und *Zichoriewurzeln* oder *a Seidl Kofent* (0,5 Liter Dünnbier).

Auch buken die Großeltern unserer Großeltern aus Sauerteig *Brutkuche* (Brotkuchen), den man *Sauerploaaz* oder *Sauerteegploaaz* nannte. Sie reichten ihren Kindern ein Stück von diesen Kuchen und sagten:

„Ieß und trink, du wächst doaas Dingk!"

Symbolik

Das Brot steht symbolisch für die gesamte menschliche Nahrungsaufnahme. Die Christen sprechen im Vaterunser als vierte Bitte „Unser täglich Brot gib uns heute". Christus wird ein Brotwunder, die wundersame Vermehrung von Broten, zugeschrieben. Im Abendmahl der christlichen Liturgie gedenkt man der Kreuzigung Jesu Christi („Christi Leib für dich gebrochen"). Die Generation, die noch Hunger und Krieg erlebt hat, wird wohl kaum Brot verschwenden. Dem Brautpaar werden auf einer traditionellen Hochzeit Brot und Salz überreicht. Man verband damit die Hoffnung, dass die jungen Leute in ihrem neuem Heim nie Hunger leiden mögen.

Auch der erste Brotanschnitt vom Hochzeitsmahl oder vom ersten Brot im neuen Heim, das sogenannte *Brauträmpfl*, wurde aufbewahrt, damit Brot immer im Hause ist.

In der Sage vom Hungerbrunnen im Olbersdorfer Forste speiste ein Engel eine gläubige Frau und ihre hungernden Kinder mit Brot. Heute erinnert der Brotstein an diese Begebenheit.

Eine andere Sage berichtet, dass man früher unter den Brotteig Kümmel mengte, da das die *Quarxl* (Querxe), wie die Heinzelmännchen in der Oberlausitz hießen, nicht aßen und somit das Brotstehlen unterließen.

Humorvolles aus der Oberlausitz

„Mutti, iech moagg doaas Brut ne!"
„Mach keene Faxn, ´s wird ufgegassn, dermit de gruß und stoark wirscht!"
„Woarum sull´ch denn gruß und stoark warn?"
„Doaas de amol urndlch oarbeitn koannst."
„Woarum sull´ch denn urndlch oarbeitn?"
„Doaas de dir dei Brut salber verdinn koannst."
„Iech moagg aber kee Brut!"

Rezept für Sauerteig

Zutaten

350 g	Roggenmehl
1 Pck.	Hefe
0,5 l	Wasser, lauwarm

Zubereitung

In einer Schüssel werden 250 g Roggenmehl, eine Tüte Trockenhefe und das lauwarme Wasser verrührt. Den Ansatz deckt man mit einem Baumwolltuch ab und lagert ihn bei Zimmertemperatur. Nach 2 Tagen wird nochmals 100 g Roggenmehl untergerührt. Der Sauerteig ist nach einem weiteren Tag gebrauchsfertig.

Rezept für Mischbrot

Zutaten für 2 Zweipfundbrote

500 g	Sauerteig
600 g	Roggenmehl
400 g	Weizenmehl
30 g	Salz
30 g	Hefe
0,7 l	Wasser, 35 °C

Der Gewichtsverlust beträgt etwa 10 Prozent.

Zubereitung

Man knetet den Teig gut durch und formt ihn länglich oder rund. Die Brote werden auf ein Blech gelegt und etwa 30 Minuten gehen gelassen. Man bestreicht sie mehrmals mit Wasser. Das Brot wird 10 Minuten bei 250°C und 40 Minuten bei 220°C gebacken. Nach dem Backen bestreicht man es nochmals mit Wasser, damit es ein wenig glänzt. Die Bauern und Häusler buken ihre Brote, wie auch ihre Kuchen, in den Backhäuseln im Garten oder in den Backherden im Hause selber. Sie waren kreisrund und wogen in der Regel sechs Pfund. Vor hundert Jahren noch unterschieden die Oberlausitzer zwischen dem *Hausbrut*, dem gröberen Brot vom Hausbackofen, und dem *Bäcknbrut*, dem feineren Brot vom Bäcker. Am liebsten aßen die Kinder das Brot vom Nachbarn. Besonders gut schmeckte es, wenn die Eltern den Verzehr von Speisen ohne ihre Aufsicht nicht erlaubten. Daher kommt das Sprichwort: „*Fremd Brut is'n Kindern Samml!*"

Oberlausitzer Bezeichnungen für Brotanschnitte, Brotscheiben und Brothappen:

- *Bemme* : (Westlausitz): Butterbrot, Schnitte
- *Brusse, Brosame:* weiches Inneres vom Brot oder der Semmel
- *Fiedl, Fieder, Fiedchl:* Stückchen Brot, Happen
- *Hapsl:* Brothappen; kleines, mundgerecht geschnittenes Stück Brot
- *Husse, Hussn:* dicke, unförmige Brotscheibe; großer Bissen
- *Kristl* : (Ostlausitz): kleine Kruste, Brotrinde, Anfang des Brotlaibes
- *Lachrämpfl:* Anschnitt des frischen Brotes
- *Rämpfl, Rampfl, Rampl:* hartgebackenes Anfangs- od. Endstück des Brotes, Kant
- *Roampfm, Roampm:* Anfang- od. Endstück des Brotes; großes Stück Brot mit Rinde; dicke (bestrichene) Brotscheibe
- *Runksn:* sehr dicke Brotscheibe; derbes, großes Stück Brot
- *Scherz, Scherzl, Schatzl:* Brothappen, Bissen, Anschnitt (Ostlausitz, Nordböhmen)
- *Schiefl, Schiefer:* schräg oder keilförmig geschnittene Brotscheibe
- *Schniete, Schnitte:* Brotscheibe

Brutmannl
Brotmänner, Neujährchen

Volkskundliches

Johann Gottlieb Mischke schreibt 1861 über die Sitten der Oberlausitzer: „Am Silvesterabende werden hin und wieder im Rothenburger Kreise sogenannte ʽNeujährchenʼ gebacken. Es sind dies allerhand Figuren, meist Tiere vorstellend, aus Brotteig mit Anis, Sirup und Salz vermischt. Das Gebäck wird in der Ofenröhre geröstet und dann gegessen."

Nach Untersuchungen des bekannten Löbauer Volkskundlers Curt Müller wurden für die Kinder allerlei Kleinigkeiten in Form von Gänsen, Schafen und Männlein am Neujahrstag und am Dreikönigstag (6. Januar) gebacken.

In der Oberlausitz werden die Neujährchen noch heute aus Brotteig geformt und gebacken. Als Triebmittel wird Sauerteig verwendet (siehe „Brut aus Sauerteeg" auf Seite 121).

Bei aller Liebe der Oberlausitzer zu ihren *Abern* (Kartoffel) rangierte das Brot als menschliches Nahrungsmittel immer an erster Stelle der Energiezufuhr. Ja, es hatte die Bedeutung von Nahrung und Lebensunterhalt überhaupt. Beschenkte man sich früher am Neujahrsmorgen mit einem Gebäck aus Brotteig, so hoffte man, dass im gesamten neuen Jahr das Brot im Hause nicht ausgeht.

Das Neujahrsgebäck in Form von Kränzen oder Tieren war ursprünglich ein Geschenk der Paten an die Patenkinder am Neujahrsmorgen. In seiner ursprünglichen Bedeutung sollte das Gebäck vor Krankheit, Unglück und Hunger schützen.

Bei den Ober- und Niederlausitzer Sorben hat sich die Tradition der Zubereitung von „nowoletka" (Neujährchen) bis ins 20. Jahrhundert gerettet. Sie kneteten einen einfachen Brotteig gut durch und formten ihn zu Schweinen, Kühen, Pferden, Ziegen, Vögeln, Schlangen, Früchten und Kränzen. Diese Figuren wurden am Neujahrstag unter das Futter der Haustiere gemengt, um sie zu beschenken.

Die Bauern hatten früher eine große emotionale Bindung zu ihren Tieren und rechneten sie zur Familie. Sie wollten ihrem Vieh natürlich auch eigennützig zu Gesundheit, Wohlgedeihen und Fruchtbarkeit verhelfen.

Die Menschen benutzten zur Geschmacksaufbesserung für diese Backware weitere Zutaten, wie Sirup und Anis, Fenchel oder Zimt. Anis diente nicht nur als Gewürzmittel, sondern steigerte, dem Volksglauben nach, auch die Lust nach dem anderen Geschlecht.

Rezept für Neujährchen aus Brotteig

Zutaten

300 g Roggenvollkornmehl
280 ml Wasser, 35 °C
20 g Salz
600 g Roggenvollkornmehl
400 ml Wasser
evtl. Sirup
evtl. Anis, Zimt oder Fenchel

Zubereitung

Zur Herstellung des Sauerteiges werden 100 g Roggenmehl und 100 ml Wasser zu einem Teig geknetet, mit etwas Mehl bestreut und die Schüssel mit einem Tuch abgedeckt. Nun lässt man den Teig einen Tag bei 25 bis 30 °C gehen. Am 2. und am 3. Tag wird diese Tätigkeit unter Zugabe von je weiteren 100 ml Roggenmehl und Wasser zur angesetzten Teig wiederholt. Am 3. Tag nimmt man etwas weniger Wasser. Der Sauerteig ist backfertig, wenn er säuerlich riecht und auf der Oberfläche Schaum bildet. Katzenfreunde bemerken es an ihrem Liebling, der schnurrend um die Sauerteigschüssel streicht und naschen möchte.

Mit einer Folie abgedeckt lagert man eine kleine Menge Sauerteig bis zum nächsten Backen im Keller oder im Kühlschrank. Dieser Vorrats-Sauerteig (Starter) wird in der Oberlausitz *Harrmoan* (Hermann) genannt. Man rührt ihn bei einer erneuten Zubereitung von Sauerteig unter die Mehl-Wasser-Mischung. Früher buken die Bauern ihr Brot im eigenen Backofen hinter dem Hause selber. So hatten unsere Vorfahren ihren Hermann immer gleich zur Hand.

Aus dem fertigen Sauerteig wird unter Zugabe von weiterem Roggenmehl, Wasser, Salz und bei Bedarf Sirup und Anis unter Kneten eine modellierbare Knetmasse hergestellt. Daraus formt der geschickte Bastler seine Neujährchen. Nun werden die Figuren mit Wasser bestrichen und bei 180°C so lange gebacken, bis sie eine gesunde Brotfarbe aufweisen.

Anregung für kleine und große Bastler

Der Brotteig ist für Eltern, Erzieher und Kinder als Modelliermasse geeignet. Kleinere Kinder dürfen mit einer Backform noch ausstechen. Wer gerne die glückverheißenden Neujährchen unter Anleitung selber formen und backen möchte, der sollte sich mit dem Pfefferkuchenmuseum „Alte Pfefferküchelei" in Weißenberg in Verbindung setzen. In den Schulferien finden Bastelkurse statt. Übrigens können die Kinder die Neujährchen auch vernaschen, da sie aus Brotteig und nicht aus Salzteig geformt werden. Im Rheinland, im Bergischen Land und an der Mosel wird das Neujahrsgebäck aus Hefeteig zubereitet.

A guder Rot
von Hans Klecker

Uff Oarbeit soit dr Paul zu Koarln:
„De Schnietn hoa´ch vergassn,
und wenn d mer anne Zahnmoark pumpst,
gih´ch heute amol assn."
„Do gitt der´sch groade su wie mir",
soit Koarle Pauln zun Pussn,
„o iech hoa meine Brutbichse
derheeme liegn lussn!"
„Doaas trifft´ch doa gutt", weeß Paul glei Rot,
„rick anne Zwanzchmoark raus!
Und iech load diech an Kraatschn ei
und ga a Assn aus!"

Schnietn:	Schnitten
soit Koarle Pauln:	sagt der Karl dem Paul
Kraatschn:	Kretscham (häufiger Gaststättenname)
ga:	gebe

Chrisbrutl
Christbrot, Striezel, Weihnachtsstollen, Christstollen

Geschichtliches und Sprachkundliches

Der Stollen ist das Weihnachtsgebäck mit der längsten Tradition in Deutschland. Er besteht aus schwerem Hefeteig mit einem hohen Anteil an Fett und Trockenfrüchten. Die meisten älteren Oberlausitzer bezeichnen den Stollen oder die Stolle als *Chris(t)brutl* oder *Chris(t)brut*. Dieses traditionelle Weihnachtsgebäck wurde nicht nur von den Dresdnern, sondern als *Chrisbrutl, Chrisbrut, Striezl* oder *Stulln* in hoher Qualität auch in der Oberlausitz, in Schlesien und Nordböhmen gebacken. Die erste urkundliche Erwähnung dieses Weihnachtsgebäcks erfolgte 1329 in Naumburg an der Saale. Damals war das „Christbrod" ein sehr mageres Backwerk aus Hefeteig für das christliche Adventsfasten in den Klöstern. Es durfte nur aus Wasser, Mehl und Rüböl (Rübsenöl oder Rapsöl) hergestellt werden. Kurfürst Ernst von Sachsen bat 1491 in einen Bittbrief („Butterbrief") an den Papst das Butterverbot für den Stollen aufzuheben, was erst einige Jahre später durch Papst Innozenz VIII. unter Auflagen geschah. Der Überlieferung nach hat ein Bäckermeister aus Torgau mit dem Namen Heinrich Drasdo als erster dem Stollenteig Trockenfrüchte und Mandeln zugesetzt.

Wie in der Oberlausitz heißt „Dresden" in der ostmeißnischen Mundart zwischen Pirna und Großenhain *Drasn* oder *Drasdn*. Durch Wortspiel hat der Volksmund aus dem „*Drasdoer*" einen „*Drasdner Striezel*", also einen Dresdner Christstollen gemacht. Striezel ist die alte Bezeichnung für Stollen, die heute noch im westlausitzischen und ostmeißnischen Mundartgebiet verwendet wird. Wird der „Striezel" auch heute sachsenweit meist „Stollen" genannt, so lebt der alte Name im Dresdner Striezelmarkt fort.

Der Bergmann versteht unter „*Stollen*" (althochdeutsch stollo „Stütze, Pfosten, Gestell") einen waagerechten oder leicht ansteigenden unterirdischen Gang. Diese Bezeichnung hat nach und nach das Wort „Striezel" verdrängt. Die Christen sahen in dem länglich ovalen Gebäck in das in Windeln gewickelte Jesuskind. Auch die Technik des Übereinanderfaltens des Teiges galt als Verweis auf das Wickelkind im Stall (Mohnstriezel).

Vor hundert Jahren buken die Hausfrauen ihre Striezel daheim. Die Väter hatten mit den Basteln von Weihnachtsgeschenken für die Kinder zu tun oder verkrümelten sich, denn:

„wenn de Weiber woaschn und backn,
hoann se'n Teifl an Nackn."

Bis zur Wende war es üblich, dass die Hausfrauen ihre Christbrotel beim Bäcker backen ließen. Von Mehl, Salz und Hefe abgesehen, brachten sie ihre Zutaten in die Backstube mit. Zu DDR-Zeiten ließ man sich einige Zutaten, wie Zitronat oder Orangeat, aus dem Westen schicken. In der Backstube wurde zusammen mit den anderen Dorffrauen geknetet, gebacken und *gebraascht*, immer mit einem spionierenden Blick auf die Nachbarin und ihre Zutaten. Einen Teigrest formte man zu einem Kuchen, bestreute ihn mit Zucker und verzehrte ihn gebacken als *Ploaaz* schon vor dem Stollenanschnitt.

Seit 1997 darf die Bezeichnung „Dresdner Stollen" nur für im Raum Dresden gebackene Stollen verwendet werden.

Der Stollen wurde traditionsgemäß erst am Heiligabend oder am 1. Weihnachtsfeiertag angeschnitten. Heute wird mit dem Stollenessen in den meisten Familien am 1. Advent begonnen.

Humorvolles aus der Oberlausitz

„Isst de nu a bissl winnger, wie's dr Dukter will, oder bist de immer noa su verfrassn?" froite de Kratschmern ihrn Schwoger, woaas dr dicke Waber is, a bissl hihnsch. „Iech hoa immer gutt gegassn und ass o wetter gutt", belferte Schwoapplwaber lus, „denkst de erne, iech will verhungern, oack dermit'ch länger labm koann?"

winnger: weniger
hihnsch: höhnisch, spöttisch
erne: etwa

Rezept für Rosinenstollen

Zutaten Teig

1 kg	Weizenmehl
75 g	Hefe
250 ml	Milch, warm
250 g	Butter
250 g	Butterschmalz
50 g	Schweineschmalz
200 g	Zucker
10 g	Salz
1	Zitrone (abgeriebene Schale)
600 g	Rosinen
125 g	Zitronat, klein gehackt
100 g	Orangeat
30 g	Mandeln, bitter
	Rum

Zutaten Dekor

150 g	Butter
100 g	Zucker
100 g	Staubzucker

Zubereitung

Die Rosinen werden einige Stunden vor dem Backen in Rum eingeweicht. Das gesiebte Mehl gibt man mit dem Zucker und dem Salz in eine Schüssel und drückt eine Vertiefung in die Mitte. Nun werden die zerkrümelte Hefe und die warme Milch in die Mulde gefüllt.

Die genannten Zutaten knetet man zu einem Teig, den man zugedeckt etwa 20 Minuten gehen lässt. Nun wird der Teig mit den restlichen Zutaten geknetet und 1 Stunde warm stehen gelassen. Die Teigmasse wird geteilt, zu zwei Laiben geformt und im vorgeheizten Backofen bei ca. 80 °C etwa 45 - 60 Minuten gebacken. Die Stollen werden sofort nach dem Backen auf ein Brett gelegt und gebuttert. Man deckt sie ab und buttert sie am nächsten Tag ein weiteres Mal. Erst wenn die Stollen trocken sind, werden sie mit Staubzucker bestreut.

Nach dem Backen muss der Stollen mindestens 3 Wochen kühl gelagert werden. Er hält sich feucht und kühl aufbewahrt in der Regel oft bis Ostern.

Variationen

Zu dem beliebten Rosinenstollen gesellt sich der Mandelstollen. Er enthält statt der 600 g Rosinen (Sultaninen) die gleiche Menge geriebener süßer Mandeln. Noch beliebter ist in der Oberlausitz der Mohnstollen, der in länglich ovaler Form *Mohstriezl* (Mohnstriezel) heißt. Es handelt sich dabei um ein weihnachtliches Hefegebäck in Kuchen- oder Stollenform mit eingewickelter Mohnmasse, der mit Streuseln und Zuckerguss verfeinert werden kann. Die in einer Kastenform gebackenen Mohnstollen mit eingerollter Mohnschicht werden im Oberland als *Mohbuchtn* (Mohnbuchten) und die runden, hohen als *Mohbabm* bezeichnet. Für den Großraum Schlesien-Oberlausitz-Nordböhmen hat gerade der Mohn als quellende Speise die Bedeutung der Vergrößerung des Vermögens. Und das ist in Blickrichtung auf das kommende Jahr ganz wichtig. Allerdings hält sich der Mohnstollen nur 3 Wochen.

„Langn oack zu, do wird'r'sch Looch ne rustn!"

Fleckl- oder Kleckslkuche
Kleckskuchen

Das Volk geißelte die Menschen, die sich nicht an das bodenständige Brauchtum hielten oder nicht mit dem wenigen Gelde haushalten konnten, mit der Redensart: *„Kuche a dr Wuche, und Sunntch kee Brut zu frassn"*.

Selbst an den Sonntagen gab es bei den alten Oberlausitzern zur Vesper selten Kuchen, sondern vielmehr *anne Samml* (eine Semmel), *a Brutl* (Brötchen), *a Koallchl* (ein Käulchen) oder *anne Schniete* mit *anner sissn Poappe* oder *Schmähre druf*. Die süße Pappe oder Schmiere konnte Sirup, Marmelade, Konfitüre, Pflaumenmus oder Honig sein. Kuchen gab es im Kreislauf des Jahres zu Ostern, zu Pfingsten, zu Weihnachten als Stollen zu Fastnacht als Pfannkuchen. Aber auch als *Kindlbrot* (Taufessen), an der Hochzeitstafel und als *Trauermohst* (Trauermahlzeit, Leichenschmaus) spielte und spielt der Kuchen eine große Rolle.

Der wichtigste Kuchenbacktag war allerdings der Sonnabend vor der *Kirmst* (Kirchmesse zum Kirchweihfest). Bevor die Mutter mit dem Backen begann, sagte sie zu Ihren Kindern, die gerne mitmachen wollen: *„Back mer oder frass mer'n Teeg?"* Die Koch- und Backkünste einer Hausfrau wurden nach der Vielzahl der Kuchensorten gemessen. Die Mäuler der buckeligen Verwandtschaft aus den Nachbardörfern mussten gestopft werden, denn die *bruchtn's Maul zun Frassn mitte*. Geburtstage wurden vor dem 1. Weltkriege keine gefeiert. Man traf sich zur Kirmes oder zur Hochzeit und da hieß es: *„Besser 'n Doarm verrenkn, oas'n Wirtsleutn woaas schenkn."*

Einen traditionellen Kirmstkuchn gab es zwar nicht, aber weil man vor dem Backen nicht genau abschätzen konnte, wie viel letztlich auf die Kuchen draufgetan werden musste, war häufig etwas Belag übrig. So wurden die Reste zusammen zu dem *Klecksl-* oder *Flecklkuchen* verarbeitet. Die roten Kleckse der Marmelade, die dunkelblauen des Mohns und die weißen des Quarks haben zu diesem Namen geführt. Der Kuchen ist nicht einfarbig, sondern fleckig und so gibt es in der Oberlausitz nicht nur *Flecktoaschn*, *Flecklschuhe* und *Flecklhoade*r (Läufer aus zusammengenähten Stoffresten), sondern auch *Flecklkuche*. Heute würde man solchen Kuchen neudeutsch Patchwork nennen.

Rezept Kleckskuchen

Zur Herstellung von Kleckskuchen benötigt man Hefeteig, Mohnmasse, Quarkmasse, rote Konfitüre, Streusel und Zuckerguss. Die Mengenangaben beziehen sich auf eine Blechgröße von 45 cm x 36 cm.

Zutaten Hefeteig

500 g	Mehl
150 g	Butter
100 g	Zucker
1 Prise	Salz
40 g	Hefe
150 ml	lauwarme Milch
1 Pck.	Vanillinzucker
	abgeriebene Zitrone oder Zitronensaft

Zutaten Mohnmasse

500 g	gemahlener Mohn
300 - 400 ml	Wasser
80 g	Grieß
125 g	Zucker
100 g	Margarine
	Bittermandelaroma

Zutaten Quarkmasse

500 g	Quark
150 g	Zucker
20 g	Butter
1 Prise	Salz
4 EL	Rosinen
2	Eigelb
3 EL	Milch
	abgeriebene Zitrone

Zutaten Streusel

300 g	Mehl
150 g	Zucker
120 g	Butter
	Zimt

Zutaten Zuckerguss

200 g	Staubzucker
3 EL	heißes Wasser

Zubereitung

Die Zubereitung des Hefeteigs erfolgt wie beim Streuselkuchen (siehe Seite 155).
Zur Herstellung der Quarkmasse werden die Butter, die Milch, das Eigelb, das Salz und der Zucker schaumig gerührt und löffelweise mit dem Quark vermengt. Die warm gewässerten Rosinen und die Zitrone rührt man zuletzt unter die Masse.
Für die Mohnmischung werden Wasser, Margarine und Zucker aufgekocht und Grieß zum Ausquellen eingestreut. Man mengt sofort den gemahlenen Mohn und das Bittermandelaroma unter. Die angerichtete Quark- und Mohnmischung und die Konfitüre werden häufchenweise (Kleckse) auf dem Hefeteig gleichmäßig verteilt. Dann bröckelt man den Streusel über den Kuchen und bäckt ihn etwa 40 Minuten bei 220 °C.
Für die Zubereitung des Zuckergusses wird der Staubzucker mit heißem Wasser zu einer dickflüssigen Masse verrührt. Diese verteilt man auf den noch nicht ganz erkalteten Kuchen. Statt der Zuckerglasur kann der abgekühlte *Flecklkuche* auch mit Staubzucker bestreut werden. Hier kann es passieren, dass man niesen muss. Wenn jemand niesen muss, wünscht man sich in der Oberlausitz statt Gesundheit auch: *„Half dr Gutt zu ann klenn Jungn!"* oder *„Half dr Gutt zun Niesn, wenn de Kuche hoast, do ieß'n!"* Spaßvögel machen draus: *„Wenn d'n Popl hoast, do frieß'n!"*

Gultschn, Koloaatschn, Maulschalln
Kolatschen

Heimatkundliches und Wissenswertes über die Kolatschen

Bei den *Kolatschen* handelt es sich um ein rundes Plunder-, Blätterteig- oder Mürbeteiggebäck mit oder ohne Füllungen aus Pflaumenmus, Quark oder Mohn, das häufig mit Mandeln oder Streusel dekoriert ist. Die kleinsten haben einen Durchmesser von 2, die größten von 12 cm.

Dieses Gebäck, das heute unter den mundartlichen Namen *Koloaatschn*, *Guloaatschn*, *Gultschn* (kurzes u), *Goltschn* (gedehntes o) oder *Maulschalln* fast völlig aus dem Sprachgebrauch verschwunden ist, wurde zumindest bis zum 1. Weltkrieg in Neukirch/Lausitz *Goltschn* genannt. Diese wurden in der Adventszeit gebacken und sind mit den „*Böhmischen Kolatschen*" verwandt. Die Neukircher buken im Dezember *Goltschn* von verschiedener Größe. Die kleinsten hängte man an den Christbaum und die größten erhielten die Kinder vor Weihnachten als Geschenk. Die Mutter sagte zu ihrem Kinde: „*Iech bie 'n Ruperch begaajnt, dan hoa'ch ann Goltschn oabgejoit*".

Sicherlich haben die deutschstämmigen Oberlausitzer dieses Gebäck von den benachbarten slawischen Völkern, den Tschechen und Sorben, übernommen. Es heißt im Tschechischen „*koláč*" und leitet sich von „*kolo*" (Rad, Kreis) her. Es ist in der Oberlausitz und in Böhmen grundsätzlich rund, in anderen Regionen auch eckig und wird im oberdeutschen Sprachgebiet, zu dem auch das Österreichische gehört, als „*Taschl, Tascherl, Tatschkerl*" bezeichnet. Sicherlich kennen die Älteren unter uns noch den Evergreen von den „Powidltatschkerln aus der schönen Tschechoslowakei", wobei *Powidl* (tschechisch povidla) für Pflaumenmus steht, der in der Oberlausitz *Schmoadderrunks* oder *Schmunks* heißt. Besonders in Österreich versteht man unter dieser Backware ein Plundergebäck. In den USA heißt das Plundergebäck „Danish" oder „Danish pastry", weil es durch eingewanderte österreichische Bäcker nach Dänemark eingeführt wurde. Der Plunderteig ist ein Ziehteig aus Hefeteig und Butter oder Margarine, die in mehreren Ausrollvorgängen eingearbeitet wird. Das Gebäck wird durch das Kohlendioxid der Hefe während des Stehenlassens und durch den Wasserdampf während des Backens gelockert. Die Butter wirkt als Trennschicht. Im Unterschied zum Plunderteig wird beim Blätterteig keine Backhefe und beim Mürbeteig weder Hefe noch Backpulver verwendet.

Die Oberlausitzer verspeisten schon im 15. Jahrhundert Kolatschen. Nach Georg Pilk sind sie 1550 von Böhmen nach Dresden eingeführt worden, worüber sich die Dresdner Bäckerinnung beim Rate beschwerte.

Rezept für Mandl-Kolaatschen

Zutaten

125g	Butter
125 g	Zucker
125 g	süße Mandeln
125 g	feines Weizenmehl
4	Eier

Zubereitung

Die Butter wird zu Schaum geschlagen und die Eier nacheinander dazugerührt. Nun werden die abgezogenen und fein zerhackten Mandeln, das Mehl und der Zucker mit dem Schaum vermengt. Zum Schluss werden auf das Backpapier mit einem großen Löffel Häufchen von der Größe eines halben Eies gesetzt und in der Röhre bei mäßiger Hitze 30 bis 40 Minuten gebacken.
Man kann auch vor dem Backprozess ein kleines Loch in die Kolatsche drücken und mit Marmelade ausfüllen.

Rezept für Moh-, Quoark- und Schmoadderunkskoloaatschn
Mohn-, Quark- und Pflaumenmuskolatschen

Zutaten für die Teigmasse
500 g	Mehl
30 g	Hefe
500 ml	Milch, lauwarm
100 g	Butter
80 g	Zucker
2	Eier
1	Prise Salz

Zutaten für die Quarkfüllung
500 g	Quark
50 g	Butter
200 g	Zucker
2	Eigelb
1 El.	Speisestärke
1 El.	Rum
2	Eiweiß

Zutaten für die Mohnfüllung
250 g	gemahlenen Mohn
1 El.	Semmelbrösel
80 g	Zucker
50 g	Margarine oder Butter
½ kl. Flasche	Bittermandelaroma
500 ml	Wasser

weitere Zutaten
1	Eigelb
250 g	Pflaumenmus
	Butter für das Backblech

Dekor
Mandeln oder Rosinen nach Belieben

Zubereitung
Aus den Zutaten von Mehl bis Salz wird ein Hefeteig bereitet (siehe *Schleißkichl*). Der Teig soll ein oder zwei Stunden gehen, wobei sich die Menge verdoppelt. Zwischendurch verrühren wir zur Zubereitung der Quarkfüllung eine Packung Quark mit der Butter, dem Zucker, dem Eigelb, der Speisestärke und dem Rum in einer Schüssel. Das Eiweiß wird zu steifem Schnee geschlagen und unter die Quarkmasse gehoben.

Zur Herstellung der Mohnmasse werden der Mohn, die Semmelbrösel und der Zucker vermischt und die flüssige Margarine und das Bittermandelaroma dazugegeben. Nun brüht man alles in siedendem Wasser auf. Man kann auch auf die Margarine verzichten und dann zum Aufkochen, anstatt des Wassers, Milch nehmen.

Anschließend rollen wir mit dem Nudelholz auf einem mit Mehl bestäubten Brett einen Teil des Teiges dünn aus. Mit einem konischen Trinkglas werden runde Kreise ausgestochen. Der kleinere Boden des Glases wird anschließend in die Mitte der Teigkreise gedrückt, so dass eine Vertiefung in der Kreismitte und eine Erhöhung am Rand entstehen.

Das Blech wird mit Backpapier ausgelegt. Die Kolatschen füllen wir mit Pflaumenmus, Quark- oder Mohn. Natürlich sind auch Füllungen aus Kirschmarmelade, Aprikosengelee, Vanillepudding oder Nougatcreme möglich. Dekoriert wird die Mehlspeise mit Mandeln und Rosinen. Bei kleinen Gebäckstücken füllt man die Vertiefung nur mit einer Masse auf, bei größeren kann man mit roten, gelben, schwarzen und weißen Belägen auf der Oberfläche Muster formen. Man kann auch Streusel dazu verwenden. In einer Tasse wird ein Ei verquirlt, mit dem der Rand des Teiges bepinselt wird. Zum Schluss bäckt man die *Guloaatschn* oder *Gultschn* bei 180 °C etwa 15 Minuten goldbraun.

Heimatkundliches und Wissenswertes über die Maulschellen

Eine andere Bezeichnung für *Kolatschen* ist Maulschellen. Dieser Name hat wohl kaum etwas mit dem schallenden Schlag auf den Mund oder mit einer Ohrfeige zu tun, sondern vielmehr etwas mit einer runden Rohr- oder Schlauchschelle, die der Größe des Gebäcks entspricht und den Mund noch dazu dicht macht. Sicherlich haben viele Backrezepte die Böhmischen Brüder aus Böhmen mitgebracht, als sie zu Beginn des 18. Jahrhunderts aus Glaubensgründen in die Oberlausitz kamen und Herrnhut gründeten. Die *Maulschalln* wurden in den Dörfern um den Kottmar als ein Weizengebäck nach Herrnhuter Art betrachtet. Aber auch in den Dörfern um Zittau, Bautzen und Kamenz kennen einige ältere Leute dieses Gebäck heute noch unter diesem Namen.

Sogar im Erzgebirge, im Dresdner Raum und in Niedersachsen tauchte die Bezeichnung Maulschellen auf. Es handelt sich dabei um ein flaches, etwa handtellergroßes Gebäckstück aus Plunder- (Hefe-) oder Blätterteig mit oder ohne Zuckerguss und oft mit einem Klecks Marmelade veredelt. In den Dörfern bei Zittau erhielten die singenden oder klappernden Gründonnerstagskinder nicht nur Eier und Geld, sondern auch Maulschellen. Damit ist das Gebäck gemeint und nicht etwa der gleichnamige Schlag ins Gesicht. Hin und wieder bezeichnete man auch die *Christbrutl* (Stollen, Striezel) als *Gultschn* oder *Maulschalln*, wenn sie nur rund waren, was ja früher ausschließlich der Fall war. Auch die Kamenzer *Schleißkichl* gehören zu den Maulschellen oder Kolatschen.

Rezept für Maulschalln

Zutaten
- 500 g Weizenmehl
- 200 ml Milch, lauwarm
- 80 g Zucker
- 80 g Butter oder Margarine
- 30 g Hefe
- Rosinen
- Zitronat
- Orangeat
- gehackte Mandeln

Zubereitung
Aus dem Mehl, der zerkleinerte Hefe und der lauwarmen Milch wird ein Teig geknetet, der zum Aufgehen etwa 20 Minuten abgedeckt im Warmen abgestellt wird. In den Teig arbeitet man die Rosinen, das Zitronat, das Orangeat und die gehackten Mandeln ein und lässt ihn weitere 10 Minuten stehen. Der Teig wird ausgerollt, mit Butterflocken belegt und mit Zucker bestreut. Man sticht ihn mit einem Schnapsglas oder einer Ausstechform aus. Dann werden die runden Plätzchen im vorgewärmten Ofen bei mittlerer Hitze etwa 45 Minuten gebacken.

An Tuppe

Wie Harrmoan noa ganz kleene woar,
do soite seine Mutter:
„Hul ba dr Schmidtn Schmoadderunks,
do spoarn mer Wurscht und Butter!"
Dr Junge noahm ann tänern Toop
und gingk dermit zer Schmidtn.
Die toate o ´n Schmoadderunks
glei a sei Tippl schittn.
„Schunn vul dr Toop?", lässt´ch Harrmoan hiern
und schuttlt mit´n Kuppe,
„bezoahln, nu nee, koann´ch aber ne,
is Geld, doaas leit an Tuppe!"

ba dr Schmidtn:	im Laden, der der Frau Schmidt gehört
Schmoadderunks:	Pflaumenmus
ann tänern Toop:	einen Tontopf
leit:	liegt

Pfafferkuchn
Pfefferkuchen, Honigkuchen, Lebkuchen

Was dem Nürnberger oder dem Aachener sein Lebkuchen, ist dem Ostdeutschen sein Pfefferkuchen, der in der Oberlausitz auch *Pfafferkuchn* oder *Pfafferkuche* heißt. Die heute weitverbreitete Behauptung, der „Pfefferkuchen" würde ohne Pfeffer zubereitet, mag sich auf die neueren Rezepte beziehen. Ursprünglich würzte man mit Pfeffer und anderen orientalischen Gewürzen und nannte das Backwerk auch „Gepfeffertes".

Wird als Hauptzutat Honig verwendet, wird die Backware auch unter dem Namen Honigkuchen geführt. Der Urahn des Pfeffer- und Lebkuchens war der Honigkuchen. Wer sich sehr freut, der strahlt im Volksmund wie ein Honigkuchenpferd. Bei der Herstellung des Pfefferkuchens wird anstatt der Hefe als Backtriebmittel Hirschhornsalz (Ammoniumhydrogencarbonat) und Pottasche (Kaliumkarbonat) verwendet. Butter und Fett kommen bei der traditionellen Herstellung nicht zum Einsatz, weil sie die Wirkung der genannten Treibmittel beeinträchtigen. In einigen Rezepten verzichtet man bei der Pfefferkuchenproduktion ganz auf das Mehl, allerdings nicht in der Oberlausitz. Der Nürnberger Lebkuchen gilt als besonders hochwertig, wenn wenig Mehl, dafür aber viel Ölsamen, wie Nüsse und Mandeln, verwendet werden. Ursprünglich hieß auch im Westen Deutschlands der Lebkuchen Pfefferkuchen. Er wurde bereits 1296 unter diesem Namen in Ulm erwähnt. Im Märchen Hänsel und Gretel lockte die Hexe die Geschwister auch ins

Pfefferkuchenhaus und nicht ins Lebkuchenhaus. Heute unterscheidet man gerne im Sprachgebrauch zwischen dem Nürnberger Lebkuchen und dem Pulsnitzer oder Thorner Pfefferkuchen.

Honigkuchen backen die Oberlausitzer schon viele hundert Jahre. Rohrzucker kam erst vor 500 und Rübenzucker vor reichlich 200 Jahren zum Einsatz. Vorher süßte man ausschließlich mit Honig. In den ausgedehnten Wäldern des Oberlausitzer Heidelandes sammelten schon die Germanen und die slawischen Vorfahren der heutigen Sorben Honig. Die Zunahme der Bevölkerung im 19. Jahrhundert und der steigende Bienenhonigbedarf führten zum Einsatz von Rübensirup, der dem Backwerk die braune Farbe gibt. Für das Sirup- und Zuckergebäck benutzt man ausschließlich Weizenmehl, für das Honiggebäck Weizen-, Roggen- oder Erbsenmehl oder eine Mischung daraus.

Das Oberlausitzer Städtchen Pulsnitz ist deutschlandweit unter dem Namen „Pfefferkuchenstadt" bekannt. Seit 1558 werden in Pulsnitz nachweislich Pfefferkuchen hergestellt. 1919 haben die Pulsnitzer Pfefferküchler eine selbstständige Innung gegründet, die heute aus acht Handwerksbetrieben besteht. In anderen Orten der Oberlausitz buken die Bäcker den Pfefferkuchen nebenbei. Seit 1992 ist der Name „Pulsnitzer Pfefferkuchen" geschützt. Er darf unter diesem Namen nur in der Stadt Pulsnitz verwendet werden. Die Pulsnitzer lassen den Grundteig mindestens ein halbes Jahr reifen, damit sich das Pfefferkuchenaroma voll entfalten kann. Das bekannteste Pulsnitzer Pfefferkuchengebäck sind die gefüllten und mit Schokolade überzogenen Spitzen.

Im Museum „Alte Pfefferküchlerei" in Weißenberg kann man sich über die Lebens-, Arbeits- und Wohnverhältnisse des Pfefferküchlers informieren. Die „Alte Pfefferküchlerei" wurde um 1643 als Fachwerkständerhaus an der Südseite des Marktplatzes der Stadt Weißenberg errichtet und ist heute das einzige museal genutzte technische Denkmal des Pfefferküchlerhandwerks in Europa. Pfeffer- oder Honigkuchen gibt es in der Oberlausitz ganzjährig. Sie werden als Gründonnerstag- und Ostergebäck um Ostern, aber auch auf Schützenfesten, Jahrmärkten, zur Kirmes und besonders in der Advents- und Weihnachtszeit angeboten. Das Pfefferkuchenmuseum besitzt noch aus Holz geschnitzte Backformen, sogenannte Model, die u. a. die Geburt, Kreuzigung und Auferstehung Christi darstellen.

Pfefferkuchengebäcke

Noch im 1. Drittel des 20. Jahrhunderts hausierten Pfefferkuchenfrauen besonders in der Adventszeit. Sie wurden die Zucker- oder *Pfafferkuchnmannl* reißend los. Dieses billige Gebäck konnten sich auch arme Leute leisten und ihren Kindern zu Weihnachten schenken. Bevor Glaskugel, Lametta und Schokoladenringel in Mode kamen, hing man Figuren aus Pfefferkuchen auf den Christbaum.

In der Heimatliteratur der Oberlausitz werden folgende kleine Backwerke aus Pfefferkuchenteig genannt: *Pfaffernissl* (Pfeffernüsse), *Zuckernissl* (Zuckernüsse), *Bauerbissn* (Bauerbissen), *Nunnefirzl, Nunnfirzl, Nunnferzl* (Nonnenfürzchen), *Pimpernissl* (kleine Pimpernüsse) und *Mahlweißl* (Mehlweißeln). Einige dieser Bezeichnungen sind dem Volkshumor entsprungen. Diese Backwaren fallen nicht selten als Nebenprodukte der Pfefferkuchenproduktion an.

Bei den Mehlweißeln soll es sich um ein kleines, plattes, süßes Pfefferkuchengebäck handeln. Es ist aber nicht mit weißem Mehl, sondern mit Staubzucker überstreut. Andere Autoren verstehen unter diesem Gebäck einen kleinen länglichen Pfefferkuchen für einen Pfennig oder eine kleine Maulschelle (siehe *Gultschn*). In der Botanik ist die „Pimpernuss" eigentlich die „nussähnliche Frucht des Zierstrauches Staphylea pinnata". Das Volk hat diese Bezeichnung auf kleine, runde, braune Pfefferkuchenstücke ohne Überzug übertragen, die der Frucht im Aussehen ähneln. *Pimpernissl, Bauerbissn* und *Mahlweisl* erhielten die bettelnden Kinder zum Gründonnerstag in ihre Bettelsäcke. Später kamen noch die *Pfloastersteene* (Pflastersteine) dazu. Dabei handelt es sind um ein Pfefferkuchengebäck, das auch heute noch von einigen Pulsnitzer Pfefferküchlern gebacken wird. Bei der Zubereitung wird der Teig in Rollen geformt, von denen 2 cm dicke Scheiben abgeschnitten werden. Neben den Pulsnitzer Spitzen dürfen sie auf keinem bunten Weihnachtsteller fehlen. Sie haben die Form von roh behauenen Pflastersteinen im Straßenbau und sind mit weißer Zuckerglasur überzogen.

Humorvolles aus der Oberlausitz

De Grußemutter koofte ihrn Enkljung uff'm Gierschdurfer Schissn a Pfafferkuchnharze mit ann langn Bändl droaa. Und wullt's dr Teifl, bullerte dar Karle druf. „Nu noaatsch oack ne", soite de Grußemutter, „floarr oack ne, iech koof dr a neues, und's aale eigeweechte schenkst'n Opa, dar hoat suwiesu keene Zähne mih, do brauch'r ne irscht tunkn!"

Gierschdurfer Schissn:	Neugersdorfer Schießen
noaatsch, floarr:	heule

Rezept für Pfefferkuchen

Zutaten

500 g	Honig oder Sirup
500 g	Mehl
1 Pr.	Salz
2 Pr.	Zimt
2	gemahlene Nelken
1 Pr.	Pfeffer
1 Pr.	Muskat
½ TL	geriebene Zitronenschale
2 EL	Rum
10 g	Pottasche oder Hirschhornsalz

Zubereitung

Der Honig wird erwärmt, damit er fließt. Man siebt das Mehl und vermischt es mit dem Salz und den Gewürzen. Diese Mehlmasse wird löffelweise in den Honig gerührt. Zuletzt gibt man die fein zerdrückte Pottasche oder das in Rum gelöste Hirschhornsalz dazu. Den Teig lässt man 3 bis 8 Wochen zugedeckt kühl und trocken ruhen. Bröckelt der gelagerte Teig beim Verarbeiten, setzt man tropfenweise Wasser hinzu. Das Backblech wird vor dem Backen mit Bienenwachs eingestrichen, damit kein ranziger Geschmack entsteht.

Man rollt den Teig einen Zentimeter dick aus und sticht ihn mit beliebigen Ausstechformen zu Tieren und anderen Figuren aus oder zerschneidet ihn mit dem Messer zu Tafeln. Diese werden im Abstand von 5 cm auf das Blech gelegt und bei gelinder Hitze ausgebacken. Der Honigkuchen wird vor dem Backen dünn mit verquirltem Ei eingestrichen oder nachher im noch heißen Zustand mit Zuckerglasur überzogen und mit buntem Streuzucker verziert. (Quelle: Alte Pfefferküchlerei Weißenberg, um 1885)

Zur Zubereitung von Pfefferkuchen verwendete man in Weißenberg mancherlei Gewürze. Die Zugabe von Pfeffer gab dem Gebäck den Namen. Weißer Pfeffer ist dem schwarzen vorzuziehen. Zimt, Nelken, Kardamomen, Muskat, Muskatblüte, Ingwer, Koriander, Fenchel, Anis gibt man zerstoßen dazu. Zitronen- und Apfelsinenschale, Zitronat, Orangeat, süße und bittere Mandeln, Nüsse, Kürbis- oder Obstkerne von Aprikosen, Pflaumen und Pfirsichen werden gerieben oder gehackt. Die Zugabe von Trockenobst (Rosinen, zerschnittene Feigen, Datteln, Backpflaumen, Hutzelbirnen) erhält den Teig mild.

Pfanngkuchn und Quoarkspitzn
Berliner Pfannkuchen und Quarkspitzen

Fastnacht ohne Pfannkuchen wäre für mich wie ein Topf ohne Deckel Es gibt wohl kaum eine Oberlausitzer Familie, wenn sie noch wert auf traditionelle Gerichte und Backwaren legt, bei der es am Fastnachtsdienstag zur Vesper nicht *Pfanngkuche* gibt. Auch die Kinder, die an diesem Tag den Brauch „Zur-Fastnacht-Schreien" ausüben, mit ihrem *„Battlsäckl"* von Haus zu Haus ziehen und ihre Verse im Sprechgesang vortragen, erhalten als Dankeschön, unter anderem, auch Pfannkuchen. Sie wurden noch in den 50er Jahren von den Hausfrauen in großer Menge unter Verwendung von *Leinäle* (Leinöl) selber gebacken.
Vor der Reformation hielten die Gläubigen die angeordnete Fastenzeit zwischen Aschermittwoch und der Osternacht ein. Bis zum Fastnachtsdienstag mussten, neben dem Fleisch, auch alle Eier- und Fettvorräte aufgebraucht werden. Und so hielt man vor dem großen Fasten eine richtige „Fettlebe" ab und buk die Tage vorher, was das Zeug hält. Den geschäftstüchtigen Bäckern zur Freude und den traditionsbewussten Menschen zum Ärgernis werden heutzutage die Pfannkuchen ganzjährig angeboten.

Nach dem Backen können Pfannkuchen nach Belieben mit Staub- oder Kristallzucker bestreut werden. Die traditionelle Füllung ist Marmelade, Konfitüre oder Pflaumenmus. Mittlerweile gibt es aber vielfältige Variationen mit Vanille-,

Schokoladencreme oder Eierlikör mit Zuckerguss. Scherzhaft kann man einzelne Exemplare auch mit Senf füllen. Werden sie gemeinsam verzehrt, braucht der, der den Schaden hat, für den Spott nicht zu sorgen.

Die Berliner Pfannkuchen werden in den deutschen Landen unterschiedlich bezeichnet. In großen Teilen Norddeutschlands, von Schleswig-Holstein und Niedersachsen bis nach Westfalen und dem Rheinland, sowie in Teilen der Pfalz, in Teilen Baden-Württembergs (vor allem im Westen), im Saarland und in der Deutschschweiz werden sie „Berliner" oder „Berliner Ballen" genannt. In Niedersachsen nennt man die betreffenden Pfannkuchen auch „Prilleken" oder „Prilken". In Hessen, Westthüringen und Schlesien kennt man sie als „Kräppel" oder „Kräbbel(chen)". In den südlicheren Teilen Deutschlands, so in Bayern und in Österreich, spricht man von „Krapfen"; in Franken, in Teilen Thüringens und im Alpenraum Österreichs, Deutschlands und in Südtirol von „Faschingskrapfen". In Teilen von Schwaben und der Pfalz findet man zur Fastnachtszeit die Bezeichnung „Fasnachtsküchle". In Westfalen und im Ruhrgebiet ist der Begriff „Berliner Ballen" verbreitet. In Aachen nennt man dieses Gebäck „Puffel".
In Berlin selbst und in großen Teilen Ostdeutschlands von Vorpommern bis nach Thüringen und Sachsen spricht man von „Pfannkuchen". Es ist also Ignoranz oder der Mangel an ostdeutschem Selbstwertgefühl, wenn an unseren Backwarenständen die Pfannkuchen als „Berliner" angeboten werden. Beides ist der gleiche Teig und die gleiche Machart. Manche Oberlausitzer bezeichnen auch die Plinsen (Eierkuchen) als Pfanngkuchn, werden doch auch diese in der Pfanne gebacken.

Ein weiteres Gebäck, welches in der Fastnachtszeit zwischen dem *Grußn Neujuhr* (Hohen Neujahr, Dreikönigstag) und Aschermittwoch als Zwischenmahlzeit gereicht werden kann, sind Quarkspitzen. Sie sind kleiner als Pfannkuchen. Manche Exemplare sehen durch einzelne Spitzen, Zacken und Dornen wie kleine Morgensterne aus, einer Schlagwaffe aus dem Mittelalter. Die Zacken entstehen beim Sieden im Fett. Eine andere Bezeichnung für dieses oder andere pfannkuchenähnlichen Gebäcke ist *Kroappm* (Krapfen). Der Name geht auf das althochdeutsche Wort „krapfo" zurück, was soviel wie Klaue oder Haken bedeutet.

Laut Internetrecherchen handelt es sich bei den Quarkspitzen um eine sächsische Spezialität. Im Unterschied zum Pfannkuchen wird bei der Zubereitung keine Hefe als Triebmittel, sondern Backpulver eingesetzt. Der prozentual Anteil an Zucker und Eiern ist größer als beim Pfannkuchen.

Die Fastnachtsgebäcke sind auch deshalb beliebt, weil sie vor dem großen Besäufnis eine gute Grundlage bilden. Die *Quoarkspitzn* werden häufig mit den *Quoarkkoallchln* (Quarkkäulchen) verwechselt, auch einem süßes Gebäck, das aber mit zerstampften Kartoffeln und nicht in Öl schwimmend zubereitet wird. Die Quarkkäulchen haben auch keine kugelige Form mit Dornen, sondern sind platter, weil sie im Tiegel oder in der Pfanne gebacken werden.

Rezept für Quarkspitzen

Zutaten

60 g	Butter
20 g	Vanillezucker (2 Päckchen)
160 g	Zucker
400 g	Quark
200 g	Weizenmehl
30 g	Korinthen
1	Zitrone (geriebene Schale, Saft)
4	Eier
½	Päckchen Backpulver
	Ausbackfett
	Staubzucker

Zubereitung

Die Butter, der Vanillezucker und der Zucker werden verrührt und schaumig geschlagen. Man gibt die geriebene Zitronenschale und den Saft dazu. Nun werden die Eier und dann der Quark nach und nach untergehoben und verrührt. Man vermischt das Mehl mit dem Backpulver und gibt es zusammen mit den Korinthen der Quarkmasse zu. Wenn sie zu steif ist, kann man sie mit Milch weicher machen.

Das Pflanzenöl wird im Topf zum Sieden gebracht. Nun taucht man einen Esslöffel ins Öl, sticht einen Klumpen Teig ab und lässt ihn ins siedende Öl gleiten. Den Löffel muss man immer wieder ins Öl tauchen, damit der Teig nicht daran kleben bleibt. Die Quarkspitzen müssen schwimmen und dürfen nicht auf dem Topfboden liegen. Wenn sie mittelbraun sind, werden sie gewendet. Man bäckt jede Seite etwa 3 Minuten. Zum Schluss wälzt man das Gebäck im Staubzucker oder besiebt es. Frisch schmecken die *Quoarkspitzn* am besten.

„Iech huffe, Ihr hoat Oapptit gekrigt.
Lust Euch dann gudn Froaß zu Schmare gedeihn!"

Sammln, Brutl und Buchtl
Semmeln, Brötchen und Buchteln

Semmeln oder Brötchen sind Hefebackwerke aus Weizenmehl, die nicht lange frisch bleiben. Deshalb schmecken sie *neubackn* (frisch gebacken) am besten. Sie werden in Süddeutschland auch „Wecken", „Weckle" und „Weckerl", in Berlin „Schrippen" und in Hamburg als „Rundstücke" bezeichnet. Wie zwischen Fleischer und Metzger, Sonnabend und Samstag, Brunnen und Born gibt es zwischen Semmeln und Brötchen einen zähen Kampf um die Vorherrschaft. Viele Deutsche glauben, wenn sie die Bezeichnung „Brötchen" verwenden, dann sprechen sie ein besseres Hochdeutsch. Und so werden auch in der Oberlausitz die bodenständigen Namen *Samml* und Semmel, *Brutl* und Brotel immer mehr durch die norddeutsche Bezeichnung „Brötchen" abgelöst. Noch vor wenigen Jahrzehnten hat der Oberlausitzer zwischen *Sammln* (Semmeln) und *Brutl* (Brotel, Brötchen) unterschieden. Die Brutl sind einteilig und meistens rund, wie zu Urgroßmutters Zeiten das Brot aus Sauerteig war. Demzufolge gibt es nicht nur *Brutl* aus Hefeteig, wie *Dreierbrutl, Mohrbrutl, Pfenngkbrutl, Rusinknbrutl, Reformationsbrutl,* sondern auch welche aus Fleisch, wie *Gewiegte-* und *Fleischbrutel* oder aus Kartoffeln, wie *Abernbrutl* (Kartoffelpuffer). Auch eine große runde Beule oder geschwollene runde Stelle am Körper nennt der Oberlausitzer *Brutl*.

Die *Grußn Sammln* wiegen etwa 80 g und die *Klenn Sammln* 40 bis 50 g. Die *Milchsammln* (Milchsemmeln) oder *Milchbrutel* (Milchbrotel) enthalten Milch im Teig, manchmal auch etwas Zucker.

Volkskundliches

Die Kinder bekamen Mitte des 19. Jahrhunderts nur am Sonntag eine Semmel. Die eine Hälfte aßen sie zum Frühstück, die andere zur Vesper. Meistens wurde dazu *a Tippl Koaffee* (ein Töpfchen Ersatzkaffee) getrunken. Aller vier oder fünf Jahre stellen die Schulen ein Schulfest auf die Beine. Jedes Kind erhält traditionell eine Räucherwurst mit einer Semmel kostenlos, eben ein „Schulfest". Missratene oder nicht ausgebackene Semmeln nennt der Oberlausitzer abfällig *Toalkn* und einen Bäcker, der häufig solche Semmeln bäckt, einen *Toalke-* oder *Toalknbäcke*.

„Anne neubackn Samml, dicke mit Butter beschmährt und eigetunkt, hmm, doaas is a Genissl!"

Zöpfe

Sehr beliebt sind die geflochtenen Semmeln mit und ohne Mohn, mit und ohne Milch gebacken, die in der Oberlausitz *Flaajchtn*, *Flaajchte-* oder *Flaajchtnsammln* (Flechtsemmeln) und seit 80 Jahren auch *Zeppe* (Zöpfe) genannt werden.

Zeilensemmeln

Zu den traditionellen Gebäcken zählen auch die Lang- oder Reihensemmeln. Sie treten unter den Namen *Zeiln, Zeilnsammln, Stießlsammln* (Stößelsemmeln), *Heetlsammln* (Häuptleinsemmeln) oder *Ecklsamml* (Ecksemmeln) auf. Sie bestehen aus drei bis sechs zusammen gebackenen Rundstücken, die in Zittau Zeiln, in Obercunnersdorf *Stießl*, in Nieder-Neundorf bei Rothenburg/OL *Heetl* und in Burkau bei Bischofswerda *Eckl* genannt werden. In Särchen bei Görlitz ist die Zeilensemmel auch unter dem Namen *Woassersamml* (Wassersemmel) bekannt. Eine solche Semmel setzt sich aus zwei, drei, vier oder sechs aneinandergefügten Teilen zusammen.

Kaiserbrotel

Ein Hefegebäck, das tatsächlich rund wie ein kleines Brot ist und den Namen Brötchen verdient, sind die Kaiser- und die Dreierbrutl. Das „Kaiserbrotel" besitzt bogenförmige oder gerade Einschnitte. Es kann vor dem Backen mit Mohnkörnern bestreut werden.

Schrotbrotel

Schrutbrutl (Schrotbrötchen) werden meist in Schneckenform gebacken und enthalten mindestens 90 Prozent Roggen- und Weizenschrotmehl im beliebigen Verhältnis zueinander.

Dreierbrotel

Das „Dreierbrotel" ist durch zwei Kerben dreigeteilt, wobei das Mittelstück etwas größer als der linke und rechte Teil ist. Schon vor 200 Jahren wurden in den Paragrafen der Gesindeordnungen „Hefebrotel" angeführt. Das war ein rundes Gebäck aus Semmelteig, das besonders an heißen Sommertagen in kalte süße Milch eingebrockt wurde. Das Gericht kennen heute noch manche Oberlausitzer unter den Namen *Sammlmilch, Mäck-Mäck* oder *Milchmärte*.

Reformationsbrotel

Am 31. Oktober backen die Oberlausitzer und sächsischen Bäcker *Refermationsbrutl* (Reformationsbrötchen). Dabei handelt es sich um ein vierzipfeliges Gebäck aus Milchsemmelteig mit einem Marmeladenklecks in der Mitte, das zum Reformationstag gerne gegessen wird. Auch gehackte süße Mandeln und Korinthen gehören in das Rezept. Nach dem Backen wird das Reformationsbrotel mit einer Zuckerglasur versehen, seltener mit Staubzucker bestreut.

Hörnchen und Rumburger

Dann gibt es noch die *Hernl* (Hörnchen). Dabei handelt es sich um ein hörnchenförmiges Hefegebäck, das in der Oberlausitz, im Gegensatz zum benachbarten Böhmen, meist aus Milchsemmelteig mit oder ohne Rosinen hergestellt wird. Die Doppelhörnchen heißen im Oberland „Rumburger" und sind aus Semmelteig geformt.

Buchteln

Buchteln sind eine typische Mehlspeise aus der böhmischen Küche und werden auch als Dampfnudeln bezeichnet. Es handelt sich hierbei um ein leichtes, süßes, handtellergroßes, pfannkuchenförmiges Gebäck aus Weizenmehl, Margarine, Zucker, Hefe und Milch. Vor dem Backen lässt man die Buchteln 30 Minuten stehen, bestreicht sie immer wieder mit Milch und bestreut sie mit Zucker oder Zimtzucker. Im Unterschied zu Hefeklößen, die aus den gleichen Zutaten bestehen, werden Buchteln in der Pfanne, im Tiegel oder auf einem Blech gebacken. Das fertige Gebäck bricht man auseinander und verspeist es mit Vanillesoße. In Schlesien isst man Heidelbeer- oder Brombeerkompott dazu. Bei der Zubereitung von *Mohbuchtl* (Mohnbuchteln) stellt man eine Mohnfüllung her, die man in den Hefeteig einarbeitet.

Schusterjungen

Die braunen *Schusterjungn* (Schusterjungen) stellt man aus Weizen-Roggen-Mischmehl her. Sie werden kreuzweise auf der Oberfläche eingeschnitten. Auch Semmeln mit missratener Längskerbe werden so genannt.

Weißbrot

Das „Weißbrot" nennt der Oberlausitzer gerne *Sammlbrut* (Semmelbrot), wird es doch nicht wie das Brot aus Sauerteig, sondern aus Semmelteig hergestellt.

Franzsemmeln

Im Dresdner Raum, der Oberlausitz und Schlesien sind auch *Franzsammln* verbreitet. Zwei längliche Rundstücke werden mit den Längsseiten zusammengesetzt und erhalten somit eine Querkerbe.

Einback, Zwieback

Im Unterschied zu den Buchteln wird beim *Eeback* (Einback) der süße Hefeteig in langen, eingekerbten Backformen gebacken, so dass sich auf der Oberfläche der Backware in Querrichtung Kerben bilden, in die man beim Zerschneiden das Messer ansetzt. Nach nochmaligem Backen der einzelnen Scheiben entsteht Zwieback (Zwieback), so in unserer Heimat der „Neukircher Zwieback". Das Zahladjektiv „zwei" hatte in der Oberlausitz noch vor hundert Jahren ein Geschlecht und hieß im Femininum zwue, im Neutrum zwä-e oder zwee-e und im Maskulinum zwiene, z.B.: ´s kimmt ne oack enner, nee, ´s kumm´r glei zwiene (zwei Männer).

Gebackenes

Patensemmel

In der ganzen Oberlausitz war es bis in die 30er Jahre des 20. Jahrhunderts Brauch, den Patenkindern am Gründonnerstag oder zu Ostern eine *Poatnsamml* (Patensemmel, Osterzopf, Semmelzopf) zu schenken. Die Patensemmeln waren 30 bis 70 cm lange Zöpfe aus Milchsemmelteig, wurden mit Mohn bestreut und manchmal auch mit Zuckerguss überstrichen.

Die Patensemmel wird von den Oberlausitzern auch *Griendurnschtchsamml*, *Ustersamml* oder *Poatnstriez* genannt.

Rezept für Patensemmel (Osterzopf)

Zutaten

500 g	Weizenmehl
275 ml	Wasser
10 g	Salz
10 g	Backmalz
20 g	Hefe
200 g	Blaumohn

Zubereitung

Das Weizenmehl wird in eine Schüssel geschüttet und in die Mitte eine Mulde gedrückt. Mit etwa 100 ml Wasser wird es zu einem Teig gerührt, den man etwa 15 bis 20 Minuten zugedeckt stehen lässt. Man gibt die restlichen Zutaten, ohne dem Mohn, dazu und knetet einen festen Teig. Der wird 5 Minuten ruhen gelassen und dann in vier Stücke geteilt. Aus einem der Stücke werden nochmals kleinere Teile gemacht. Die drei großen Stücke formt man zu 20 bis 30 cm langen Teigsträngen und rollt sie aus. Beim Rollen muss man die Hände nach außen gleiten lassen, damit die Strangenden spitz werden. Mit den kleinen Teigstücken verfährt man ebenso. Nun flechtet man einen großen und einen kleinen Zopf. Der große wird auf ein mit Backpapier ausgeschlagenes Ofenblech gelegt, mit der Handkante in der Mitte tief eingedrückt und mit Wasser bestrichen. Das kleine Flechtwerk legt man drauf und verzwirbelt die Enden beider Zöpfe miteinander. Nach 20 Minuten Ruhezeit wird die Flechte mit Wasser bestrichen und mit Mohn bestreut. Bei einer Temperatur von 220°C beträgt die Backzeit etwa 40 Minuten.

Schleißkichel
Schleißküchel

Was sind nun wieder *Kichl* (kurzes i)? Dieses Wort kann sowohl die Verkleinerungsform von „Küche" als auch von „Kuchen" sein. Es wird heute kaum noch für einen kleinen Kuchen gebraucht und bezeichnet im Oberland eine „kleine Süßigkeit zum Lutschen", aber in anderen Regionen auch „ein kleines Gebäckstück aus Hefeteig mit Marmelade oder Korinthen, das in Fett gebacken wird". In den Winterabenden gingen die Frauen und Mädchen *zer Faderschleiße* und rissen, rupften die Federn vom Kiel. Diese Tätigkeit nennt man auch heute noch „Schleißen". Die Schleißküchel zählen zu den Kolatschen (siehe Seite 133).

In der Woche um den 24. August (Bartholomäuswoche) feiern die Kamenzer Schüler zusammen mit den Einwohnern der Stadt ihr traditionales Forstfest An diesen Tagen verkaufen die Bäcker nach altem Brauch *Schleißkichl* (Schleißküchlein). Schon zu Urgroßmutters Zeiten backte man dieses beliebte Hefegebäck für die langen geselligen Abende, an denen die Gänsefedern geschlissen wurden. Schon Wochen vorher wurden die Küchel gebacken und in großen Töpfen aufbewahrt.

Rezept für Schleißkichl

Zutaten Hefeteig

500 g	Mehl
150 g	Zucker
200 g	Margarine
150 ml	Milch
100 g	Korinthen bei Bedarf
30 g	Hefe
1 Pck	Vanillinzucker oder abgeriebene Zitronenschale oder
3	Mandeln (bitter)
1	Ei
	Salz

Zutaten Zuckerglasur

zerlassener Honig oder Zuckerwasser

Zubereitung

Das gesiebte Mehl wird mit den übrigen Zutaten zu einem glatten Teig verarbeitet. Vorher hat man die zerbröckelte Hefe in handwarmer Milch verrührt. Den Teig lässt man an einem warmen Platz etwa 90 Minuten gehen und knetet ihn dann nochmals kurz durch.

Der Hefeteig wird rechteckig ausgerollt. Die Teigplatte bestreicht man mit zerlassener Margarine, rollt sie zusammen und schneidet drei bis fünf Zentimeter breite Stücke davon ab. Mit einem Quirlstil drückt man eine Rille ein, so dass sich die seitlichen Schnittflächen ein wenig nach oben öffnen. Nach kurzem Gehen auf dem gefetteten Backblech bäckt man die Schleißküchel bei guter Mittelhitze goldbraun und überzieht sie sofort mit einer Honig- oder Zuckerglasur.

Gebackenes

Schmatzl zer Voglhuckst
Schaumvögel zur Vogelhochzeit

Es ist eine uralte Tradition der Menschen, Vögel und andere Tiere als Backware darzustellen. Allerdings wurden sie noch vor wenigen Jahrzehnten nicht als Schmatzl oder Zuckerschmatzl (Schmätzel, Baiser, Eischnee, Schaumgebäck), sondern aus Brot-, Milchsemmel- oder Mürbeteig hergestellt. Heute haben sich die Bäckerein dieser Tradition zur Vogelhochzeit angenommen und in der Form abgeändert, dass die Oberlausitz in der zweiten Januarhälfte mit konditorischen Kunstwerken, wie Schokoladen-, Marzipan-, Krem-, Makronen- und Schaumvögeln und -nestern, überschwemmt wird.

Volkskundliches

Jedes Jahr feiern am 25. Januar die Oberlausitzer Kinder *Voglhuckst* (Vogelhochzeit, Ptači kwas). Besonders verbreitet ist der Brauch im obersorbischen und ehemals obersorbischen Sprachgebiet um Bautzen. Er ist aber im Laufe der Jahrhunderte auch in die Niederlausitz und ins Gebirgsgebiet der Oberlausitz, also ins Oberland, übergeschwappt. In der sorbischen Sage vermählen sich der Rabe mit der Elster, im deutschen Volkslied „Ein Vogel wollte Hochzeit feiern" dagegen die Drossel (Bräutigam) und die Amsel (Braut). Da sich in der Natur die Drossel aus der Familie der Sperlingsvögel mit keiner Amsel paaren wird, kann man vermuten, dass unsere Altvorderen vor einigen hundert Jahren unter einer Drossel einen anderen Vogel meinten. Bei den alten Oberlausitzern war die heutige feminine Drossel als Bräutigam unter den Namen *Ziemer* und *Kroammtvogl* (Krammetsvogel) sogar männlich.

Wie uns Legenden aus heidnischen Zeiten erzählen, sollen die verstorbenen Vorfahren die Gestalt von Vögeln angenommen haben. Die Tiere wurden dann im Winter mit Essbarem versorgt. Auch nach der Christianisierung hat man weiterhin dieser Tradition gehorchend Gebäck ins Freie gelegt. Am Morgen fanden die Kinder die willkommenen Gaben. Zur Beantwortung der Frage, wer die Speisen gebracht hätte, mussten die Vögel herhalten. In heutiger Zeit stellen unsere Kinder alljährlich am Vorabend des 25. Januar Teller an das Fenster. Tierliebende Jungen und Mädel, die die Vögel regelmäßig füttern, finden früh als Dankeschön kleine Geschenke vor. Dem frechen Robert aber, der die jungen Stare ausgenommen hat, bringen die Vögel kleine Kohlenstücke oder *klecksn a Scheißdreckl druf*.

Wenn er nun seine Taten bereut und Besserung gelobt, darf er den Teller noch einmal rausstellen. Hält man sich exakt an die überlieferten Bräuche im Kreislauf des Jahres, muss man zur Vogelhochzeit auf die bunten Eier verzichten. Erst ab Fastnacht tritt das Ei als Symbol der Fruchtbarkeit und als Zeichen immer wiederkehrenden Lebens in Erscheinung und erlangt zu Ostern mit der Auferstehung Christi seine größte Bedeutung.

Was finden die Kinder heutzutage auf ihren Tellern?

- Vögel oder Vogelnester aus Milchsemmelteig (Hefeteig) mit oder ohne Zuckerguss, wobei die Vögeln mit Sultaninenaugen dekoriert sind
- Vögel oder Vogelnester aus Mürbeteig mit oder ohne Krem, mit oder ohne Zuckerguss
- Vögel aus dekoriertem Quarkteig
- weiße oder bunte Vögel aus Baiser (Schmätzelvögel)
- bunte Vogelnester aus Baiser
- Vogelnester aus einem Keksboden mit einer dunklen Schokoladenbuttercremeschicht und bunten Zuckereiern in der Mitte

Ethnische Verschmelzung

Die Vogelhochzeit, wie sie in der Familie oder im Kindergarten gefeiert wird, ist in ihrer heutigen Ausübung kein rein sorbischer Brauch mehr. Sie ist letztendlich das Produkt der Verschmelzung von uraltem indogermanischen Seelenglauben (Seelen der Menschen in Vogelgestalt) mit der sorbischen Sage von der Vogelhochzeit, mit Oberlausitzer Hochzeitsbrauchtum, mit dem deutschen Kinderlied „Ein Vogel wollte Hochzeit feiern" und den heutigen Vorstellungen von Kindererziehung.

Rezept für Schmätzel

Zutaten
3   Eiweiß
125 g   Staubzucker
1 Prise Salz

Zutaten Dekor
nach Belieben mit Schokoladenglasur oder buntem Streusel

Zubereitung
Das vom Eigelb sauber getrennte und gekühlte Eiweiß wird in eine Schüssel gegeben und mit dem Rührgerät zuerst auf kleiner und dann auf höheren Stufe steif gerührt. Nun gibt man eine Prise Salz dazu und schlägt die Hälfte des Staubzuckers darunter. Wenn der Eischnee anfängt fest zu werden, streut man esslöffelweise unter Schlagen den restlichen Zucker hinein. Die Schmätzelmasse wird in einen Spritzbeutel gefüllt und auf ein mit Backpapier belegtes Blech zum Schaumvogel gespritzt und mit Augen und Schnabel andersfarbig dekoriert. Nun trocknet man die *Zuckerschmatzl* etwa 2 Stunden bei 100°C.

Zer Voglhuckst
von Hans Klecker

Is Gustl, unser kleenes Mäusl,
die stellte undersch Futterhäusl
ihr Tallerchl zer Voglhuckst
und hoat ver Freede rimgejuxt.
„Ätsch, Opa, iech krieg a Geschenke,
weil´ch doa as Voglfittern denke,
du tust de Piepmatzl vergassn
und oalle Nisse salber assn.
Und dodermitte soi´ch dr ees:
A Dankeschiene krigst de kees!"
„Doaas warrn mer sahn", lacht´ch´s Maajdl aus
und stellte anne Schissl raus.
Und wie se derno a dr Frih
mit Futter gingk zun Häusl hie,
do woar de Freede sihre gruß,
denn uff´m Taller woar woaas lus.
Gebackne Vogl, Naaster, Platzl
Makron und sisse luftche Schmatzl.
„Woaas liegn denn fer gude Bissl
benn gudn Opa a dr Schissl?"
wullt´ch vu menn Enklmaajdl wissn.
„Do hoann de Taubm reigesch…

Voglhuckst:	Vogelhochzeit (25. Januar)
*Tallerch*l:	Tellerchen
rimgejuxt:	herumgejubelt
Schmatzl:	Schmätzchen, Baiser

Sträslkuche
Streuselkuchen

Der Sträslkuche ist wohl der am häufigsten gebackene Kuchen in der Oberlausitz. Er durfte auf keiner *Kirmst* (Kirchweihfest) fehlen. Die Hausfrau buk zu diesem Fest aber auch *Fleckl-* oder *Klecklskuche* (Kleckskuchen), *Äppl-, Pflaum-, Kase-* (Käse-), *Quoark-, Moh-, Zucker- Abernkuche* (Kartoffelkuchen) und andere Sorten, denn die Gäste *hoann's Maul zun Frassn mitgebrucht*.

Torte, Bienenstich oder Zwiebelkuchen u. a. wanderten erst zu Beginn des 20. Jahrhundert in unsere Heimat ein.

Für den Streuselkuchen erfand der humorvolle, spottende Oberlausitzer viele volkstümliche Namen. So hieß er, ganz nach seinem Aussehen, *Kneppl-, Bauchkneppl-, Brinkl-* oder *Wullekuche* (Wollkuchen). Wegen des hohen Butteranteils nannte und nennt man den Streusel auch *Buttersträsl*. Den Kuchenbelag aus Mohn, Quark, Pflaumen Zucker oder Streusel bezeichnete man als *Uftue, Ufgetue, Uftuche* oder *Druftue*. Meistens wurde der Bauernkuchen auf großen runden Blechen gebacken und in *Streefl, Streeml* oder *Strieml* (Stücke) geschnitten. Die Stücke aller Kuchensorten wurden vermischt, mehrstöckig auf große Teller geschichtet und auf den gedeckten Tisch gestellt. Wollten sich unanständige Kaffeetrinker ihren Lieblingskuchen aus den unteren Lagen des aufgetürmten Kuchenberges herausziehen, fragten sie vorher, ohne eine Antwort abzuwarten: *„Doarf mer a Streefl Ziehkuche nahm?"* Kinder bekamen einen Klatsch auf die Finger.

Bat die Hausfrau die Familie oder die Gäste zum Kaffeetrinken, nannte sie den Kaffee immer zuerst, also *Koaffee* und *Kuchn*, nie Kuchen und Kaffee.

Schabernack

Wurde auf einem Bauernhof Kuchen oder Brot gebacken, gelüstete es die jungen Leute in der Nachbarschaft zuweilen nach einem *Kustebissl* (Kostprobe). Sie stellten unerkannt einen leeren Teller vor das Backhäusel. Auf einem Zettel formulierten sie ihren Wunsch in Reimform. Wurden sie dabei erwischt, schwärzte man sie mit Ruß und jagte sie ohne Kuchen heim. Im anderen Falle legte der Backende einen Kuchen auf den Teller, der nach altem Brauch den gesamten Teller bedecken musste. Waren die Beteiligten lustige Nudeln, buk der Bäcker zuweilen ein Drahtgeflecht mit ein. Der Schabernack flog erst beim Anschneiden des Kuchens auf.

Kuchen zur Kirmes

Kuchen wurde nur zu Ostern, zu Pfingsten, zur Kirmes, zu Weihnachten (*Christbrutl, Striezl*), zur Hochzeit oder zur Kindtaufe aufgetragen. Die Verwandten und Bekannten trafen sich erst nach dem Einbringen der Ernte zur Kirmst (Kirchweihfest) in großer Runde. Man vermied bei der zeitlichen Festlegung des Festes ein Überschneiden mit den Nachbardörfern. Bis in die Mitte des 20. Jahrhunderts hinein ließ man den Kuchen noch beim Bäcker backen. Die Bauern holten ihn dann mit der *Roaber* (Schiebekarren) heim. Zuhause wurden die runden Kuchendeckel (Durchmesser über 50 cm) mit dem gebackenen Kuchen in die *Kuchnrahme* geschoben. Der Kuchenrahmen war ein stockwerkförmiges Lattengestell, das zur Kirmst im Gewölbe stand und von zwei Personen wie eine Bahre getragen werden konnte.

Ganz arme Leuten konnten sich zum Kuchenteig keine oder nur wenig Butter leisten und mussten auf den Belag verzichten. Diesen flachen, trockenen Kuchen nannte der Volksmund (*nackcher*) *Ploaaz* oder *Bratlkuche* (Brettelkuchen). Meistens war er auch noch hart und musste in den Kaffee *getunkt* oder *getitscht* werden (*Tunkkuchn*). Die Mutter sagte lachend zu ihren Gästen:

*„Trinkt oack a Tippl Koaffee derzu,
dermit dr Kuchn ne su aus'n Uhrn stiebt!"*

In der Westlausitz kamen die Kinder als Kuchensänger betteln. Sie erhielten armseligen Kuchen, den das Volk *Battlkuchn* nannte. In der Südlausitz zogen am Kirmesdienstag *Battlmusekantn* (Bettelmusikanten) durch das Dorf, musizierten und erhielten von den Einwohnern nicht verzehrte Kuchenreste. Diese verstauten sie in der sogenannten *Kuchnfuhre*. Auch die Kirmstgäste erhielten vor dem Heimmarsch Kuchenstücke, die sie als Kirmst- oder *Kuchnhucke* in ein großes Schnupftuch einbanden und über den *Steckn* (Spazierstock) gehängt nach Hause trugen. Aber auch auf Taufen, Konfirmationen und Hochzeiten gab man seinen Gästen Kuchen auf den Heimweg mit.

Bei aller Armut verlor der Hausweber oder Steinbrecher nicht den Humor und gab zum Besten:

*„Tunk ne irscht as Schalchl ei, doaas is a hoarter Kuchn.
Dar wird ne weech wie Sammlbrei, dann dichn musst de puchn!"*

Rezept für Streuselkuchen

Zutaten für den Teig

400 g   Weizenmehl
80 g   Zucker
65 g   warme Butter
30 g   Hefe
150 ml   Milch, lauwarm
1 - 2   Eier
1 Prise   Salz

Zutaten für die Streusel

350 g   Weizenmehl
190 g   weiche Butter oder Margarine
175 g   Zucker

Zubereitung

Die Hefe wird in eine Tasse gebröckelt und in einer Teilmenge der lauwarmen Milch aufgelöst. Das Mehl siebt man in eine Schüssel und drückt eine Vertiefung hinein. In diese Mulde schüttet die Hausfrau oder der Bäcker die gelöste Hefe. Die Schüssel wird mit einem Tuch zugedeckt und die Teigmasse etwa 20 Minuten im Warmen gehen gelassen. Danach wird sie mit den restlichen Zutaten (Zucker, 60 g Butter, Restmenge Milch, Eier, Salz) zu einem mittelfesten Teig geknetet, nochmals 15 Minuten warm gestellt und mit den Händen rund geformt. Auf einem mit Mehl bestreuten Untergrund rollt man den Teig aus und legt ihn auf ein gefettetes Blech.
Danach wird er mit Butter bestrichen. Mit einer Gabel sticht man viele Male in den Teig und lässt ihn nochmals 15 Minuten gehen.
In der Zwischenzeit wird der Streuselteig zubereitet. Man vermengt das Mehl mit allen Zutaten und knetet es zu einer krümeligen Masse, die gleichmäßig auf dem Kuchenboden verteilt wird. Man bäckt den Streuselkuchen etwa 20 Minuten bei 220 °C oder etwa 40 Minuten bei 180 °C, bis er eine goldbraune Farbe hat.

Variationen

Jeder Bäcker hat so seine eigenen Rezepte. Er kann durch Zugabe von Zitrone oder süßen und bittren Madeln dem Streusel eine spezielle Geschmacksrichtung verleihen. Im Unterschied zum sächsischen Streuselkuchen wird der berühmte *Schläs'che Sträslkucha* mit 1 Päckchen Vanillezucker oder ½ Teelöffel Zimt im Hefeteig angerichtet. Nach anderen Informationen unterscheidet sich der schlesische von den anderen Streuselkuchen durch eine, die Streusel bedeckende Zuckerglasur. Einige Bäcker veredeln ihn mit einer Puddingfüllung oder bestreuen ihn mit Staubzucker. In meiner Familie wird für die Streusel kein gesonderter Teig angerichtet, sondern der für den Kuchenboden verwendet.

Quellenverzeichnis

Allestein, Emma: „Das beste bürgerliche Kochbuch vorzüglich für das Haus berechnet", Gera 1898
Andert, Herbert: „Frooe, hull ann Harch" in „ Äberlausitz – meine Heemt", 1983
Andert, Herbert: „ I love de Äberlausitz", Königstein, 1991
Barthel, Friedrich: „Lieblingsspeisen der Vogtländer im Spiegel der Mundartdichtung" in „Sächsische Gebirgsheimat 1987", Ebersbach
Barthel, Friedrich: „ Saure Flecke" in „Sächsische Gebirgsheimat 1984", Ebersbach
Bergmann, Roland: „Backen in der Oberlausitz", Leipzig, 2008
Bihms Koarle: „Kraut und Rüben", Zweite Fuhre, Bautzen, 1916 und 1926
Dißmann, Berta: „Ratgeber für Herd und Haus", Dresden, 1918
Eckarths, Weyland Friedrich: „Chronika oder historische Beschreibung des Dorffes Herwigsdorff bey Zittau", 1734
Förderverein „Schlesisch-Oberlausitzer Dorfmuseum" e.V.: „Wenn´s Kochen soll gelingen, hab Freude am Vollbringen", Görlitz
Frenzel, Alfons: „Lausitz rundum", Bautzen, 2010
Fuchs, Paula-Elisabeth: „Unser Kochbuch", Leipzig, 1955
Gründer, J. G.: „Chronik der Stadt Lauban", Lauban, 1846
Hornig, Uwe: „Ziegen und andere Granitschadel" in „Oberlausitzer Hausbuch 2009", Bautzen, 2008
Kießling, R.: „Niedercunnersdorf, Chronik eines Lausitzer Weberdorfes", 1. Teil
Klecker, Hans u. Nürnberger, Frank: „Oberlausitzer Kochbuch mit historischen Betrachtungen", Oberlausitzer Verlag Waltersdorf, 2. Auflage 1992
Klecker, Hans: „Stolz darauf ein Oberlausitzer zu sein", Spitzkunnersdorf, 2009
Klecker, Hans: „Von der Wiege bis zur Bahre", Waltersdorf, 1994
Klecker, Hans: „Oberlausitzer Worterbuch", Spitzkunnersdorf, 2012
Klecker, Hans: „Sitten und Bräuche im Jahresverlauf in der gebirgigen Oberlausitz", Waltersdorf, 1990
Kneisel, Johannes: „Belegkarte zu den Berichten über das Frühlingsbrauchtum Kreis Zittau", Zittau, 1936
Kunze, Arno, Stadtmuseum Zittau: „Leinwaberfraßzettel fir de ganze Wuche" (Wandkalender)
Lüdemann, Erika: „Lauter Lausitzer Leibgerichte", Hamburg, 1982
Mischke, Johann Gottlieb: „Das Markgrafenthum Ober-Lausitz, Königlich Preußischen Antheils, Görlitz, 1861
Müller, Curt: „Speise und Trank im Oberlausitzer Volksleben" in „Oberlausitzer Heimatzeitung", Reichenau/Sa., 5. Jahrgang, Nr. 5, 1924
Nürnberger, Frank: „Oberlausitzer Backbuch", Waltersdorf, 1993
Nürnberger, Frank: „Oberlausitzer Plätzelbäckerei", Spitzkunnersdorf, 2011
Richter, Roswitha: „Deftige Kochrezepte aus Schlesien und der Oberlausitz", Spitzkunnersdorf, 2009
Risse, Heidrun: „Rund um den Schlesischen Kochtopf", Dezember 2004
Rössel, Siegfried: „Wie die Kartoffeln in der Oberlausitz ihren Einzug hielten", in „Oberlausitzer Hausbuch 2009", Bautzen, 2008
Schöbel, Johannes, Emil: „Vaterhaus und Heimat", Xenien-Verlag Leipzig, 1918
Staroste, Elisabeth: „Schlesische Küche, Erprobte Koch- und Backrezepte", Eichendorff-Buchstube, Meppen/Ems
Teutloff, Gabriele / Alex, Jürgen: „Streifzüge durch die Lausitz", Petersberg, 2008
Träger, Gunter: „Die besten Kochrezepte der Lausitz und Niederschlesiens", Spitzkunnersdorf, 2007
Trenkler, Adelheid: „Bautzener Senfkochbuch", Spitzkunnersdorf, 2009
Ohne Autor: „Die wahre bürgerliche Kochkunst", Immanuel Müller, Leipzig, 1834
Willenberg, Harald: „Rezepte der Rammenauer Omas und Uromas", Rammenau, 2008